暢銷經典
改版

工作第1年就能存到錢的理財方法

完全搞懂**存款**、**省錢**、**投資**的祕訣

The Ways to Save Money in One Year

財經投資專家
張真卿

想存錢卻月月花光？想投資卻苦無辦法？
投資專家為新鮮人量身打造理財大法，
即使是小資族，也能藉由理財，通往財富自由！

自序
理財就是做對的事，把事情做對

理財最重要的是「做對的事，同時把事情做對」。一般民眾只要按部就班，就能徹底了解「錢」該怎麼花、怎麼存、怎麼活用，而理財致富三個階段正是「懂花錢、要存錢、擅投資」。也有許多上班族汲汲營營了大半輩子，卻不懂得享受一個有品質的生活，只是拚命當個存錢筒，這種人我們一般稱為「守財奴」。其實，成為一個快樂的現代上班族並不難，只要掌握一個原則——**積極賺取所能賺的錢，並計畫性地花該花的錢**。最後是全方位的理性投資，當然，身體的健康與愉快的心情，更是不可忽略的重要問題。

累積財富須做到以下三點，第一是增加個人的收入。增加個人收入最好的方法，就是在職場上力求表現，爭取更好的職務或是工作機會，同時累積個人在本質學能上的肯定。無論是繼續待在原來的工作職場，或是跳槽，薪水和獎金肯定也會跟著水漲船高。

第二是理性消費。理性的消費行為，是每一位民眾需要學習的課題。人的欲望是無窮的，尤其對於個人特殊的喜好更會有強烈購買的衝動。如何將資金做最有效的運用，把錢花在刀口上，是每個人都要學的課題。

第三是全方位理財。在過去，國人最常掛在嘴上的理財工具不外乎定期存款、跟會、民間放貸，有錢人還會利用債券投資來規避高稅率；偶爾亦有比較積極理財的人會投資股票、房地產，這些都是創造財富的工具，民眾可以按部就班地學習。

有些人常說：「我不是不想理財，而是不知如何著手。」「三餐都顧不得了，哪有閒錢投資？」「薪水扣掉日常開銷所剩無幾，怎麼理財？」理財其實並不難，只要有決心，懂得用書中正確的方法與步驟，必能成為理財高手。

本書分為四大篇，第一篇是序篇：告訴讀者錢少也要理財，並教讀者制定理財計畫和理財策略。第二篇是支出篇：教導讀者如何聰明花錢、如何運用信用卡和現金卡、如何買適合自己的保單；當然，適當節稅也是很重要的議題。第三篇是存款篇：存錢是理財的第一步，首先要選一家優質的銀行，了解存款的種類，包括活期存款、定期存款、存外幣款或用支票存款；另外民間標會也是一個不錯的存錢法。第四篇是投資篇：聰明投資是增加財富最好的方式，無論是投資共同基金、投資股票或是債券都是理財的好方法；當然擬定完善的購屋計畫，買到一間適合自己的房子，也是個人理財的重要事項。

書中由淺入深引導讀者了解理財的重要性，將上班族的財富循環導入正循環的成長，而不是負循環的衰退。如此，不但能運用金錢達到最大的邊際效率，同時也可藉由投資理財創造更多的財富。投資理財是教不來，卻可以學得來的。民眾透過不斷學習，累積理財的正向能量，就能達到個人的「財富自由」。在此感謝春光出版編輯林潔欣小姐的邀稿和協助，讓本書得以順利出版，也期望本書能為讀者在個人理財的過程中跨出一大步。

目錄

PART 2

存款篇：存錢，是理財的第一步

PART 3 投資篇：聰明投資是增加財富最好的方式

序篇

理財從建立正確觀念開始

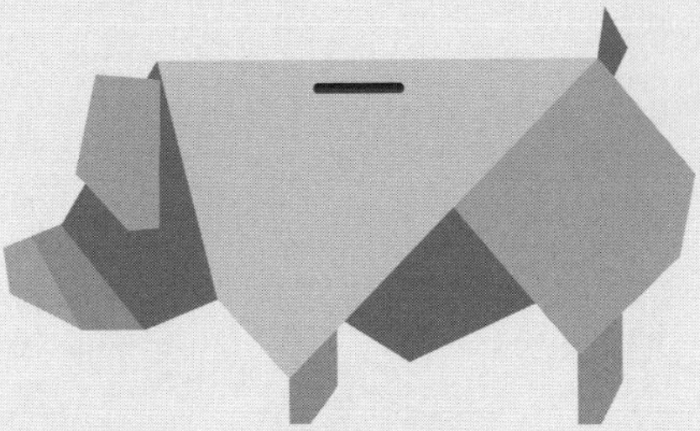

1 即使財少也要理

人人都說投資理財並不容易，必須具備財務知識並懂得金融概念才可以，其實並不盡然。大家不妨看一看周遭的親朋好友中，哪一位理財致富的人在學校時學過經濟學？即使學過，又有多少人曾考一百分？

其實，理財最重要的是「做對的事，同時把事情做對」。

你是搖錢樹還是存錢筒

理財致富的原則便是多聽、多問，並且勇敢地去執行。換句話說，將資金放在具有增值潛力的資產上，經過時間的累積必然有可觀的獲利。

林堉璘、林榮三出自於號稱台灣最大地主的三重幫。父親林建生早年在新北市蘆洲種田，後來開米店謀生，只是小生意人。在一九五二年林建生去世時，為子女留下二公頃土地、一家碾米廠和一間雜貨店，這便是日後他三個兒子林堉琪、林堉璘、林榮三發展的基礎。林建生只要自己手上有一些錢便用來買地，也不斷教導兒女們「有錢就要往土地堆」。長年的言教身教讓下一代奉行不渝，才是後來三重幫得以壯大最重要的因素。

林家三兄弟後來從碾米事業輾轉進入房地產界，一九六四年共同成立了宏國建設，從興建平價住宅起家，卻以養「生地」聞名。林家兄弟往往挑選位於山邊、河川或排水溝的農地、保護區作為開發地，成本低，發展潛力看好。在台灣經濟與都市化迅速發展後，原來價格低廉的土地，搖身一變成為商業用地或住宅用地，甚至成為市區的黃金土地，或出售或開發，獲利皆以倍數計。

任何人都想當有錢的現代人，不論身處何種社會階級，擔任何種職務，擁有何種頭銜，你所追求的不外乎是如何在現代社會中，輕易享有豐富的收入及高品質的生活。對於一個現代上班族而言，你是否感嘆盡了全力所掙的薪水僅能解決眼前的開銷，更別提理財致富了。每月接踵而至的房貸、保險、稅賦、子女教育費及突發的支出更是讓你捉襟見肘，壓得你喘不過氣來。

許多上班族並不明瞭理財的重要性，輕忽了開源節流的要領，做了許多不明智的消費，甚至不知如何為日後的生活鋪路，退休後也僅能靠微薄的退休金過日子。

在此建議各位不妨把個人的理財規畫分為兩部分，如下圖所示。通常一般人是先有工作然後有收入，每個月的收入有一部分拿去消費，另一部分拿去理財（儲蓄也是理財的一種）。圖示的上半部就是每一個家庭每個月的損益表，如果把賺的錢花光，就是大家說的「月光族」；如果

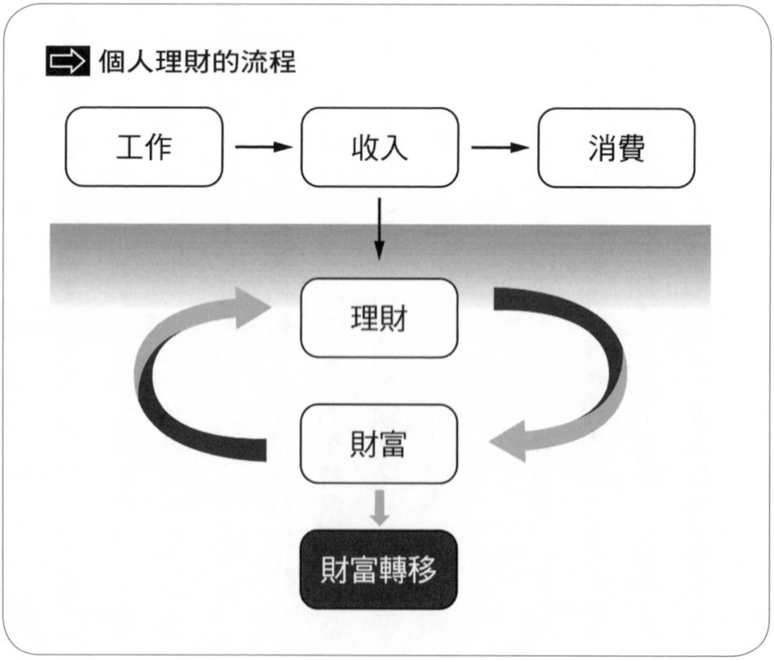

有結餘，就可以進行理財活動。

也有許多上班族汲汲營營了大半輩子，卻不懂得享受一個有品質的生活，只是拚命當個存錢筒，這種人我們也稱為「守財奴」。其實，成為一位快樂的現代上班族並不難，只要掌握一個原則，那就是積極賺取所能賺的錢，並計畫性地花該花的錢。此外，身體的健康與愉快的心情更是不可忽略的重要問題。

每個人對於用錢都有一套見解，不論是花錢習慣或所嚮往的生活品質亦因人而異。大多數的人會為了滿足自己對生活的欲求，而放棄實施嚴格的金錢計畫，以致擁有再多的收入也會發生入不敷出的困境。因此，要成為一位多金的上班族，豐富多元的收入來源固然是不可缺少的基本要素，但是也要會用錢，才能發揮金錢的最大效益。

圖示的下半部就像個人的資產負債表。每月結餘的錢，如果只會儲蓄，那就無法達到理財致富的目的。多多了解理財的工具和管道，無論是房地產、股票、基金、債券或外匯等，找到適合自己個性和能力的理財工具和方法，安全且快速的累積個人財富，讓自己沒有後顧之憂，達到財富自由度，也就達到理財的目的了。

累積財富須做到以下三點

一、增加個人收入

增加個人收入最好的方法，就是在職場上力求表現，爭取更好的職務或工作機會，同時累積個人在學習能力、工作能力上的肯定。若能力求表現，無論是繼續待在原來的職場，或是跳槽，薪水和獎金肯定也會跟著水漲船高。

上班族最大的夢魇即是中年失業，為了避免這種困境發生在自己身上，除了事先培養第二專長，亦應積極建立人際關係。上班族一旦工作八到十年，工作的穩定性跟著增加，薪水、職位也漸入佳境。萬一公司因經營不善而倒閉，此時面臨失業的你必定徬徨無助。若能事先與同業、客戶或供應商建立良好的關係，則跳槽換跑道並非難事。另外，利用時間多學些專長，一方面可打發時間，另一方面也可「以備不時之需」。

兼職是每一個期望有兩份收入的人尋求賺錢的一個途徑。希望能利用餘暇時間賺取額外收入的人，往往是因為經濟上較拮据或有龐大貸款、家庭收支不平衡。尤其是剛組織家庭時，面對房貸的壓力及家庭新成員的加入，一旦薪資不足以支付開銷，多半會尋求另一份工作，增加家庭收入。

兼職工作項目很多，從求職網站和報紙上的就業版琳琅滿目的項目中，即可找到許多兼職工作。現今社會，兼職倒是成了一種潮流。兼職的時間包括計時，或以白天、晚上為整時段計費。一般學生兼職多選擇計時，而家庭主婦或男性則多以月分計算薪資。

二、理性消費

理性的消費行為是每個人都需要學習的課題。人的欲望是無窮的，尤其對於個人特殊喜好的東西更會有強烈購買的衝動。

特別是結婚以後，理財的態度或方式必須有所改變；在節流方面，更應有適當的節制，避免衝動消費。

在家庭形成初期，夫妻應明確釐清雙方在財務上的管理與支配，共同規範收入與支出的方式。在初期財務來源僅限雙方收入的情況下，支出的情形也就顯得格外重要，因此，「開源節流」的生活方式是共組家庭生活者必須度過的階段。待財源穩固、經濟生活充裕之後，個人享受的消費行為才可逐一增加，否則過度的開銷將使家庭的收支出現赤字。

有些女性朋友有感性消費的傾向，在消費的行為上顯得隨心所欲，較容易花費大筆金錢，結婚後應重新建立一套消費的規則，充分確知個人真正需要而且實用的東西。而男性朋友雖屬理性消費的一群，但在婚前亦會因大筆的娛樂費或交誼費，造成支出多於收入的困境。由此可見，男性朋友在消費上的支出亦不輸女性，只是消費的細目不同而已。

培養理性的消費態度是必要的，許多消費者因為非理性購物行為，造成個人帳戶幾乎每逢薪資入帳後的半個月內，便有掛零的情形。如此，一旦在財務上出現突發性危機，便極有可能求助無門。消費人人都會，但在欲望來時，還得看你理性不理性。

如何在購物時充分發揮個人理性一面的特質呢？首先不要過度依賴廣告。廣告通常會塑造較完美的商品形象，致使消費者對商品產生極大的迷思。一旦真正購買後，卻發現產品不符原先預期，更有可能因而產生副作用，例如減肥藥或一些加強男性性功能的不實廣告。

選擇適當的購物時機及購物地點是很重要的。適當的購物時機（如百貨公司週年慶、換季折扣）與地點（量販店或暢貨中心）可能省下將近一半價位的錢，這是購物者必須仔細考量的。任何一位採購者若能嚴守理財的兩個重要規則——預算與記帳，必然可以在財務支出的控制上得到良好的效果。由於預算的支配，個人在消費上會因為有全額限制或已列出清單，而省下其他的支出；而記帳的行為則是清楚知道各項支出的去向，以進行下一筆消費額的調整，並且明白地分配其他項目的支出，不致造成透支卻不知情的窘境。

另外，不要濫用信用卡或其他各式會員卡消費。信用卡可以提供消費者在購物時不必攜帶現金的方便，但換個角度想，由於沒有拿錢出來的現實交易壓力，個人極易在心中產生預算無上限的感覺，進而演變成過度消費。

最後，是控制個人消費欲望。在許多購物的原則中，個人消費欲望的控制仍是最基本的購物原則。若個人不能理性克制自我購買的欲望，理財的目標也就沒有付諸實現的可能。

三、全方位理財

在過去，國人最常掛在嘴上的理財工具不外乎定期存款、跟會、民間借貸，有錢人還會利用債券投資來規避所得率，偶爾亦有比較積極理財的人會投資股票、房地產。

但隨著金融市場的國際化和多元化，現在投資理財工具可說是五花八門，而且不再侷限於新台幣資產，連海外的市場也成為投資者的新樂園。目前國內的理財方式除了以上所提及的傳統投資工具外，新興的工具包括：海外共同基金、外幣存款、投資型外幣存款、外匯保證金交易等。尤其在股市熱絡之際，股票、認股權證TDR、可轉債和指數期貨等，幾乎已成為全民運動的投資工具了。

甚至過去一向被國人所排拒的壽險，也成為理財中不可或缺的一環。近年來重大交通、旅遊意外、治安惡化、環境汙染等因素，更讓人體會到人生無常的道理。因此，利用保險來保障自身的意外事故、保障房貸可以如期繳款，或是籌措子女的教育年金，已經成為理財投資時不可或缺的一項工具。

綜合以上種種因素，全方位理財已經是不可避免的趨勢，尤其是資產已累積到一定程度的個人，更需要計畫一個適合自己的投資理財策略。假設你有五百萬的現金，純粹做定存的話，就算年定存報酬率達百分之二（這幾年當然不可能有如此高之利率），扣除通貨膨脹率百分之一．五後，一年實質的收益率也不過百分之〇．五而已，而且這筆資產因為抗通貨膨脹的能力很弱，因此二十年後可能就不值三百萬元的購買力了。定存雖然安全性高，但收益率很低，光靠定存收入，不但選錯跑道，而且會越跑越慢，資產價值也越來越薄。

把自己的資產放在強勢且具有增值潛力的金融商品上，成了現代人理財致富的不二法門。但是，在投資各項理財工具時，亦應事先充分了解各項產品的交易規則與知識，才能在投資戰場上成為常勝軍。

2 著手進行理財計畫

一般人常說：「我不是不想理財，而是不知如何著手。」「三餐都顧不得了，哪有閒錢投資？」「薪水扣掉日常開銷所剩無幾，如何理財？」理財其實並不難，只要有決心，懂得正確的方法與步驟，按部就班地來，必能成為理財高手。

在開始著手進行理財計畫時，以下五個步驟可協助你更容易掌握要點：一、了解自己；二、設定財務目標；三、評估收支狀況；四、選擇理財工具；五、檢討得失。透過這五個步驟，你的理財工作將收事半功倍之效。

第一步　了解自己

在制定理財計畫之前，必須先了解自己，這部分包括自己的個性、經濟狀況和各種資源。每個人的理財背景皆不相同，唯有充分地了解自我，才能訂出理想的理財策略。

個人理財通常是以財務獨立為起點。例如社會新鮮人才剛剛有了自己的收入，你就要他去購買預售屋，結果百分之五十的薪水都繳了房屋貸款。一年以後，我保證這位社會新鮮人一定會叫苦連天覺得活不下去了，原因就在他沒有先「了解自己」，以致讓貸款利息壓得喘不過氣來。

這並不是說年輕人沒有權利理財，而是必須先了解自己，才能訂定理想的財務目標，進而選擇適合自己的理財工具。剛出社會的年輕人不妨選擇小額的共同基金來投資，不但不會造成壓力，反而可從中得到樂趣與利潤。

結婚後可能成為雙薪家庭，收入雖然增加了，但相對地支出也跟著增加，例如教養子女、定期旅遊等等。此時必須清楚自己的財務狀況，

淨資產計算法

資產 － **負債** ＝ **淨資產**

資產（有形財產）
- 現金
- 存款
- 房地產

負債
- 房屋貸款
- 汽車貸款
- 已標得之會

淨資產（可用來理財）

製作一份個人的資產負債表不失為一個好方法。

資產負債表是計算個人財富的表格，當你想知道自己手中有多少財產、多少負債，只要透過個人資產負債表一算，便可一目瞭然（如上頁圖）。個人資產負債表分為資產、負債與淨資產三大部分。

資產是家庭所擁有的有形財產，包括現金、存款、股票、房地產、基金等等。負債則包括房屋貸款、汽車貸款、已標得的會等。資產減掉負債所得的數字就是淨資產，保守的投資人往往利用這一部分的淨資產來理財，而積極的投資人就懂得利用信用擴張的原理舉債理財。不論用什麼方法，了解自己的財務狀況是理財的首要步驟。

第二步　設定財務目標

理財如同在大海中航行。在「了解自我」的過程中，你已透過個人資產負債表得知自己理財資源的多寡，也就是已清楚了自己船上的配備。接著就是依據自己的財務資源決定財務目標了。

財務目標可分為短、中、長期三個階段。短期目標是一年內的理財方針；中期目標設定在十年左右；長期目標則通常以二十年為基準。在設定財務目標時別忘了將財務目標數字化，光是說自己的財務目標是賺很多錢未免太空洞了。

另外，財務目標並非一成不變，必須隨著個人的財務狀況進行修正。例如，一位剛出社會的新鮮人，在衡量自己的財務狀況與日後的潛力之後，訂定了一年內以股票與共同基金理財賺取五十萬元；十年後擁有一幢千萬元的房屋；二十年後個人資產淨值達六千萬元的目標。

台中全國飯店董事長吳和田畢業於台南北門農校，二十五歲那年隻身離家前往台中求發展。奮鬥三十年後，這名異鄉客已成為中台灣雄霸一方的企業富豪。他投資理財之所以如此出色，完全是設定了正確的財務目標與擁有精準的投資眼光。

離家那年，吳和田身上僅有三千元，他便運用這三千元成立了一人公司，開始承包小型的營造工程。經過幾年的歷練，吳和田轉而承包大型的工程，其中包括造價九十萬元，位於台中建國路的台中女中宿舍。

由於營造業是非多，吳和田後來便退出投入十年的營造廠，轉而經營建設公司。他不但成立了詮國建設公司，自己也進行土地投資理財。民國七十七年間，豐原有座紡織廠因經營不善面臨拍賣命運，吳和田看好該地段的潛力，便以每坪萬餘元的代價一口氣買下約二萬坪的土地；到了八十年，豐原地價暴漲，他再用每坪約三十萬元的價格售出。

另外，他購買全國商圈的土地一事也一直為台中人所津津樂道。民國七十六年以前土地尚未飆漲，他決定斥資購買全國飯店用地，於是向合作金庫貸款一億元，當時被很多人譏評為瘋子。事後證明他的眼光確實精準，當初一坪約四萬元的地價，如今已飆漲至一坪一百萬元。

吳和田常說：「**我做生意的祕訣無他，就是別人站立時我坐下，而別人坐下時，我站起來，設定財務目標後就往前衝。**」這種理財法看似逆勢操作，卻使得他的財富不斷呈等比級數增加。

第三步　評估收入與支出

理財的第三個步驟便是評估個人的支出與收入，個人的收入減去支出再加上淨資產，就是個人可動用的理財本金。個人的收入與支出，通常可用理財的財務目標

個人損益表計算法

收入 － 支出 ＋ 淨資產 ＝ 餘額

- 收入：薪資、福利、獎金
- 支出：分期付款、房租房貸、保險、飲食、服飾美容、交通、教育、水電電話、醫療費用
- 淨資產：（可用來理財）
- 餘額：（可動用的理財本金）

進行控制。

例如，需要較多的理財資金時不妨適度地減少支出，甚至想辦法增加收入。有一點必須注意，理財致富只是追求美滿人生的工具與手段，並非人生的目標。

個人損益表則是記錄一段時間內各種收支狀況的表格，可顯示出財富流進、流出的數量。損益表由收入、支出和餘額三要素組成。依國人習慣，個人損益應以一個月為單位製作，因為國人大多領取月薪，且大部分開銷也以月為單位，如水電費、電話費、信用卡費等。

收入減去支出而得的餘額，是損益

表中最重要的結論。餘額如果為正數，表示這段期間收入大於支出，可將餘額運用在儲蓄、投資理財上；反之則表示開銷大於收入，必須動用到個人的淨資產甚至舉債，個人及家庭的財務已發出警訊。

第四步　選擇理財工具

在金融與經濟自由化的今天，投資理財工具可說是五花八門。即使如此，個人在選擇理財工具時還是要為自己量身打造，也就是充分了解自己、設定財務目標與支出收入評估之後，才有辦法選擇適合自己的理財工具，千萬不要人云亦云。

目前社會上的理財工具有：民間標會、銀行存款、短期票券、公債、公司債、股票、海內外共同基金、認股權證、外匯、期貨、選擇權、黃金、不動產和保險等。每一種理財工具都有其特性，投資人唯有充分了解其特性再進行投資，才算是把握了致勝的關鍵。

此外，投資人還必須依自己的個性、年齡及投資目的，選擇自己熟悉的投資理財工具。基本上，保守型或年紀大的投資人，不妨選擇低風險或保本型的投資工

個人理財計畫實行方法

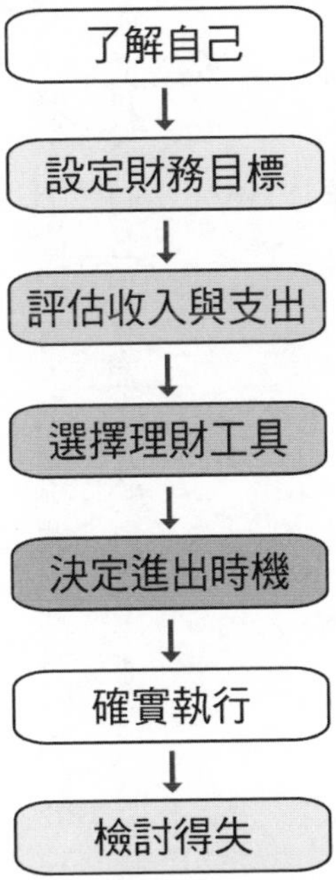

具，如銀行定存、公債、票券、債券或貨幣基金；而自認積極型或年紀較輕的投資人，則可挑選報酬率較高且風險較大的投資工具，如股票、期貨、認股權證、股票型基金等。

如果投資人的投資理財是為了達成中長期的財務目標，如籌措子女教育基金或退休基金，由於投資年限可以較長，故不妨選擇長期投資帶來穩定高報酬率的金融工具，例如可供出租的房地產，穩定配息的績優股，屆時不僅能使財富加倍，說不定還可以數倍還本。假使投資的目的只為滿足個人成就感，則可採取積極的投資態度，選取高報酬、高風險的投資工具。

在選擇合理的投資工具之後若想真正達到財富加倍的目標，則必須有耐心、定力，以及貫徹理財規畫的意志。這是因為投資期間，投資人常會因市場價格的波動而心情起伏，甚至追高殺低，到頭來非但沒有賺到錢，甚至還導致整個理財計畫宣告失敗。因此投資時必須具備充分的自信，才能以時間降低市場風險，真正達到財富加倍的目的。

第五步　檢討得失

個人理財的最後一個步驟就是檢討得失。整個理財計畫結束後，投資人應該心平氣和地仔細檢討整個計畫的細節與得失，以作為下次理財的參考，如此個人理財的策略與技巧才能更上一層樓。

3 社會新鮮人的理財策略

許多人認為投資理財是件複雜而且難懂的事，尤其涉及各種不同的投資標的，大家往往望之卻步。然而，現代人已不得不面對理財的問題，否則在物價迅速上漲的今天，若不重視金錢的管理，不但不容易掌握自己的經濟生活，面對日後人生可能遭遇的財務問題，也會變得因應無方而窘態畢露。

有錢的人要理財，沒錢的人更要理財，尤其是一般初入社會固定收入的薪水階層更須特別重視。理財可以讓錢變得有價值，也能衍生出更多的財富。

單身貴族的理財方式

上班後每個人都會有收入。雖然有賺錢，若沒有透過理財的有效控制，終究會由於過度的花費而付諸流水，所以你現在就必須做好理財的心理準備。

什麼樣的人最需要理財呢？

1. 準備結婚的人。
2. 準備生孩子的人。
3. 準備支出龐大金額的人（例如購屋、購車）。
4. 準備退休的人。
5. 固定薪資收入的人。
6. 財務發生困難的人。
7. 沒有錢的人。
8. 想要享有高品質生活的人。

建立正確的理財觀後，你就會懂得節制花費，透過記帳與預算表的編製掌握消費情形。在開源方面，你會知道利用投資工具進行投資，也會運用保險來防範意外事故發生時造成的財務危機。另一方面，在休閒生活及心靈提升方面也有經費可以運用。即使面臨退休生活，也會擁有一筆可觀的錢財，在經濟不虞匱乏之下，享有一個有尊嚴而美好的晚年生活。

新鮮人甫入社會，由於受限於年齡和資歷，大多不會有太高的收入，而適當的理財規畫以及透過開源節流的方式，正可替自己謀求薪資以外的收入。

影響薪資的因素，包括學歷、經歷、表現、年資。新鮮人所能掌握的只有學歷與個人工作能力的表現兩個因素，因此在工作上要力求表現，取得上司的認同，更要不斷地進修，加強自身能力，如此才有加薪的可能。

現代社會流行一句「高學歷、高失業率」。由於大量的高學歷人口加入就業市場，造成就業市場急速飽和，而傳統高學歷、高收入的觀念，也因產業市場重視實務經驗，逐漸不再是絕對吃香的保證。

學歷高的人由於受限於高不成、低不就的現實條件，成了工商界不見得錄用的族群。而產業結構不斷轉變，未來各種行業都會隨著科技、工業的日趨精進，進而帶動商業、服務業、文化事業的提升，各行業也會因應社會進步的需求，增加技術性、專業性的人才。所以高學歷者不單只擁有文憑，更要有「實做」的經驗值，並不斷加強本質學能，才能在職場無往不利。

一、單身貴族的薪資

甫入社會的新鮮人絕對不要獅子大開口，要求極高的薪資收入，否則極易予人不良印象。由於個人工作經驗不足和工作表現尚未得到肯定，提出高薪資的要求，只會抹殺尋找工作的機會，造成工作遲遲未能穩定的挫折。

新鮮人若能將工作當作一種經驗的獲得及學習的源頭，積極參與並熱心負責，必能因工作上的表現而受主管的賞識及肯定。待資歷增長與個人工作品質得到改善後，即可增加晉升的機會及加薪的可能。

現在社會新鮮人的薪資所得有多少？

一般公司會依學歷、所能從事的工作而有些差距。由於勞基法規定現行基本工資為二萬三千多元，故一般高中畢業生的薪水收入約二萬三到二萬四不等；大專生的工作收入則依不同的工作各有不同，一般公司大都由二萬六到二萬八不等。若有點專業的工作，起薪則介於二萬八至三萬三中間，難度較高的職務則在三萬五左右。若是學歷較高的高階層工作，則介於四萬到六萬元間。薪資依工作年資而逐漸調整，由此可知學歷和經歷十分重要，自我的充實仍是獲得高收入的重要因素。

二、單身貴族的消費態度

單身族群個人薪資收入尚未到達一定水準，因此消費支出必須要有節制，以免造成個人經濟上的極大負擔。單身男女由於尚未進入成家階段，因而不需背負家庭的種種負擔，較能扮演經濟自由者的角色；但也由於個人開始擁有支配金錢的權利，容易因為購買欲，造成過度消費及金錢浪費的危機。因此，適度控制個人消費，乃成為單身貴族有收入之後，首要面對的重要問題。

在此，我們將單身族群的消費分為六大類，並依照消費性質做一番調整與規畫，使你在消費的同時也能定期存下一筆固定收入，避免養成浪費的習慣。

1. 住屋：甫入社會的單身上班族除非是與父母同住，否則馬上面臨租屋或購屋的抉擇。一般社會的新鮮人由於薪資收入尚未達到一定水準，因此多數以租屋的方式解決住的問題。當然，你如果有一位資金雄厚的「長輩」或者預期將來收入會穩定，倒是可以先行購屋，或是向銀行貸款買一個溫暖的家。

單身上班族若考慮租屋，地點與租金便相當重要。既然是租屋，選擇離上班地點近的房子不僅可省下一筆交通費，也可縮短通勤時間，為自己創造更多可利用的時間。此外，租金也是一筆不小的負擔，通常房屋租金占薪資收入的三成是合理的數字，否則，就必須考量自己的財務狀況了。

租屋時亦必須考量房東的品德。有些房客碰到惡房東，年年加租金，惡劣一點的還侵擾房客生活，甚至裝上針孔攝影機拍攝女性房客的生活點滴。因此，選擇一個好房東已成為租屋的一大課題。

以下祕訣必須謹記在心，以確保自身權益：

①確認房東身分。

②簽定租賃契約書。

③稅捐、規費由誰負擔必須看清楚。

④押金原則不超過租金二倍。

⑤是否有轉租約定。

⑥修繕費用如何分攤。

⑦考慮到法院公證。

⑧好聚好散，權利義務算清楚。

2.衣著：現代男女越來越重視外表門面的打理，不論女性或男性，保養幾乎已成為一種趨勢。女性愛美大家固然習以為常，但男性也要重視外在門面。

現代年輕人應當選擇適當的購買時機，折扣期的衣物商品與常態期的衣物商品在價格上往往有極大的差距。筆者曾購買一套三千多元的衣物，結果折扣期一到，竟降至一千元左右，白白損失了二千多元，不禁令人氣結。因此，控制購買欲及選擇適當的購買時機，都是節省金錢的最佳方式。

衣著的消費不妨控制在三至五個月購買一至二套的衣服，最好能配合不同的衣著組合，尋找較便宜的搭配，如此才不致花費太多的錢在治裝上。

3.飲食：「民以食為天」是大家都熟悉的一句話。由於生活品質提升，個人在飲食上也傾向精緻化，有人三餐一百元就可填飽，有人則須花費上千元。通常女性與男性在飲食上的消費習性並不相同。若按常理消費，女性的飲食大約介於一餐一百二十元至二百一十元左右，男性則大約介於一百五十元至二百四十元左右。倘若三餐中有上館子或餐廳，則一日消費將可能提高為五百元至一千元不等。

上班族大都選擇外食解決三餐問題，但若長期如此，容易造成餐飲費用的透支，因而在消費時最好先察看個人收支情形，或乾脆攜帶有限的現鈔在身上，以免在無意中花費大量的金錢。有些上班族中餐攜帶自家便當亦是不錯的方式，不但省下一筆費用，又不必擔心飲食衛生問題。

4.交通：交通費是上班族或單身學習階段必須費用之一。一般說來，一個月交通費介於一千元至一千五百元，此金額不包括例外因素（遠地工作者的交通費：火車、飛機）。由於交通費金額與個人的工作地點或學習地點有關，故就業時不妨將工作地點列入考量，或許可以因此減少此項費用。如此一來不但可以就近工作、不須擔心塞車之苦，也可省下一筆交通費。

以台北市民為例，公車與捷運早已成為主要的交通工具，除了捷運的票價可以透過悠遊卡得到優惠外，捷運公車轉乘更是一大利多。

5.休閒文化活動：國人越來越重視休閒旅遊的消費。由於繁重的工作壓力及複雜的人際關係，造成現代人精神上極大的負荷，週休二日便成為人們所追求的工作型態。在歐美極度重視休閒品質及休閒娛樂的影響下，國人也開始尋求適當的休閒生活。

單身貴族如何做適度的休閒旅遊消費呢？

由於進入社會的年資尚淺，社會新鮮人在安排旅遊時不妨先以國內的定點旅遊為主，大約安排兩天一夜或三天兩夜，費用大約在五千元上下為宜；若能自行準備交通工具而且偕友同行，則大概花三、四千元即可。

若工作已兩、三年，開始有年假可休，則可安排一年一次的國外旅遊，並可選擇淡季時出遊，享受降價的優惠。一般旅遊可以規畫三萬元左右的行程，現在到歐洲或澳洲等地，七日旅遊行程加上當地花費，大概只需要四到五萬元左右，因此若有旅遊安排，不妨選擇自助旅行或淡季出遊，可省下許多花費。

文化精神的調劑，則包括聽演講、聆賞音樂會、看畫展、買書，或聽音樂、古典物品的珍藏等。一般人一個月在書籍上的消費即使在二千元左右也不為過，只是要依照個人所需，選擇有益身心、知識的書籍。

閱讀書報可增進思考力，吸取新資訊、新觀念，亦可保持心靈的舒暢。此項投資可幫助我們在個人精神領域獲得最大的報酬率，知識也是一種無形的財富。至於聆聽一場音樂會或一齣戲碼的花費，最低可由一百元到最高幾千元。

然而，花幾百元聆聽或欣賞音樂劇可算是值得的投資，透過別人多年的造詣及國外專業人士的巡迴表演，我們得以在精神及心靈上尋得依歸與釋放。因此，必要性的文化消費可適時找回我們流失已久的原始心靈，達到最高的休息與滋養。

6.突發性支出：應酬或突發性消費，對初入社會的新鮮人會造成負擔，若經濟拮据，則較不鼓勵此類消費行為。

由於工作的關係，因而衍生了工作之餘的應酬；或與平日疏於聯絡之友人在假日相聚與娛樂，凡此種種往往需要一筆花費。這筆花費若缺乏適當的節制，則數目可能極為驚人，若一個月裡有六、七次此種性質的消費，則累積金額也可達三千元左右。故盡可能減少不必要的應酬，是初次擁有小筆資金的社會人所必須做到的。

另一方面，日常生活中的某些物品有時會使人產生極大的購買欲，但若平時不曾為這些突發性消費做規畫，便極容易過分花費在這些零碎的物品上。突發性消費不妨適度地納入財務規畫，因為人都有感性消費的需要，若因硬性的財務計畫而限制了彈性的消費空間，似乎就少了另一種消費的生活情趣了。

隨著個人生活品質的提升，社會文化水準與個人教育水平的提高，生活價值觀也有所改變。即使進入家庭生活，也要在理性消費和感性生活中取得平衡。

小家庭的消費方式

成家後的財務情形不如單身時期單純，因此首重家庭財務收支的詳盡記錄與歸類。大部分的現代家庭由於女性也投入就業市場，經濟來源較為穩固，但雙方仍須注意家庭的兼顧，務求在不危及家庭經營的原則下，夫妻共同努力創造美好的未來。

新家庭的組成，最先面對的生計問題便是家庭收支的分配與運用，而這些收支的拿捏，關係著一個家庭的生活品質與生活水準。

在此我們列出家庭成員在家庭收支中所需的生活目標：

1. 良好的子女教育與撫育。
2. 家庭成員健康的保育與定期檢查。
3. 優雅寧靜的居家生活環境。
4. 適當且愉快的旅遊休閒活動。
5. 豐富營養的飲食消費。

6.知識學習的持續精進。
7.快樂與精神文化領域的追求。
8.不安與煩惱的解除以及源頭的尋求。
9.良好的人際與工作環境。
10.美好的退休生活。

確定個人對家庭生活的需求後，便可以詳細安排收支的分配與家中的消費指向。夫妻雙方的收入必須分擔固定的支出，而一般的收入中則包括了個人的薪資收入、副業收入、投資收入及意外收入。

在理財的原則下，我們積極創造個人財富，除了個人固定的薪資外，唯一可增加收入的來源也只有兼職賺外快，或利用錢滾錢的方式進行適當的投資。所以，擴大收入的來源便成為有了家庭生活的夫妻所必須共同面對的問題。

在家庭形成初期，由於夫妻雙方的經濟能力尚處於不穩固的階段，面對成家所必需的基本支出、生活費、生孩子的準備金，及子女未來的教育基金和房屋貸款費用的償還等問題，都必須仔細依重要性規畫完成。

一、結婚進行曲

結婚是許多人一生中最重要的轉捩點，它代表單身生活的結束，也可說是另一段新生活的起點。從此以後，你將扮演一個家中的主宰，經營日後的生活。

有人說婚姻是戀愛的墳墓，然而，與心愛的人共同攜手走一輩子，又何嘗不是每個人所渴望的？單身生活即使自由自在，但絢爛終將歸於平淡，回歸平穩幸福的生活之美，是每一顆期待歸宿的心共同尋求的目標。

談到結婚，小倆口擔心的往往是如何籌辦一場經濟卻又體面的婚禮。由結婚的序曲「訂婚」到閉幕曲「蜜月旅行」，整個過程所累積的金額並不是一時之間所能具備，除非你在事前已做好這項費用的規畫，否則，恐怕只能依賴父母資助。

一般的結婚年齡大約在二十八歲到三十五歲之間，通常女方在工作五年到六年後便會考慮結婚，而男性則大約在三十歲到三十五歲。除了兵役的限制外，男性多半會考慮事業的穩定性，畢竟婚後也期待經濟生活能豐裕平穩。近來由於教育水準普遍提高，大部分的男女皆有晚婚的傾向。

結婚固然浪漫，但必須務實地考量結婚的費用。新鮮人如何在踏出社會後的二年到四年中賺足一筆結婚基金，應該是男女在談情說愛之餘應慎重考量的現實問題之一。

由訂婚到結婚大約需要六十萬元不等的支出，若加上新房的裝潢費，則百萬元亦是有可能的。新鮮人剛入社會，不妨將薪資做一番分配。以月入二萬五來說，則可提出一萬元以定存等方式累積這筆費用；若仍不足，再考慮向親友父母借貸。通常若是小倆口一同規畫，女方與男方的薪資加起來約六萬至七萬元，不妨將一萬五至二萬元存放定存，其餘考慮購買基金或小額信託。如此一來，三年以後自然可以累積到百萬元的金額。

二、迎接小寶貝的誕生

儘管現在「頂客族」已越來越多，但擁有自己的孩子卻仍是大多數夫妻的願望。現在的人越來越講求投資報酬率，面對生孩子這件自古以來即被認為是天經地義的事，也開始考量是否符合經濟效益。

多數人認為連自己都無法照顧了，如何再增添一筆額外的負擔？更何況這筆負擔可能難以估計。對於想迎接新生兒誕生的夫妻，他們所必須面對的，便是如何使小寶貝擁有一個舒適的新世界。撫育孩子是一件不容易的事，除了精神、體力的投入，最重要的一個問題便是：「哪來的錢？」

由出生前的花費到出生後、成長、受教育為止，一個小孩的花費少不了上百萬甚至上千萬元。這些費用可分為兩部分，一是撫養、二是教育。撫養的費用大都集中在出生前後，之後的大型消費則著重在入學以後的教育費用，若再加上額外的才藝班，則負擔將更加重。

至於生孩子的問題，其中還包括了孩子出生後交由誰照顧？若交由保母則花費更多，若由其中一方照顧，則工作必不能兼顧。因而在決定生孩子前，不妨先考量是否有這些心理上的調適。

養兒育女的費用如下：

1. 產婦產前的營養補給及定期的產前檢查。
2. 生產時的花費及產後的保養。
3. 生產後孩子的食品及各種必需品的添購。
4. 成長過程中的花費及玩具費用。

5. 零用錢及生活費。
6. 入學受教育後的學費及交通娛樂費。

面對各種費用，夫妻兩人更應做好長期的財務規畫，最重要的還是考量如何運用理財及投資的方式穩固家庭收入。首先，先將孩子的可能花費做大膽的假設預算，而且必須考慮通貨膨脹的因素，更何況未來學費將大幅調漲，因而應增加預算以備不時之需。

夫妻亦可考慮購買以儲蓄性質為主的「子女教育年金保險」。此項保險雖然沒有極高的報酬率，但若是父母不幸逝世或病故，即可提供子女一份保障。

子女的花費重點介於國中到大學這一個階段，尤其是大學以後。由於個人的消費能力增加，加上大學學雜費日益增漲（私立大學更貴），在規畫這階段的理財時，不妨考慮更多樣的投資工具，或採用閒置的資金做較高風險的投資，但前提是絕對要考慮不可以投入太多，以免不小心造成更多損失。

三、誰才是家裡的財政部長

有人說十對離婚夫妻中，有一半是因為錢的問題而離婚。姑且不論其真實性，金錢的確是每一對夫妻在面對糾紛時最糾纏不清的部分。夫妻之間對金錢的處理方式，其實早在婚前便應該彼此提出討論從而達成共識。

在面對婚姻生活時，首先要注意的往往是許多財務上的收支問題。筆者向來鼓勵女性朋友應該抱有經濟獨立的想法。對職業婦女而言，經濟上的獨立不但可以增加家庭收入，亦可增加女性在財務上的支配能力，不致因過度依賴而造成缺乏主動積極的空間。

夫妻間擁有共同的財務資產及兩人各自經營的帳戶，除了能分享經驗外，由於彼此的信賴及獨立，更能在生活中保持新鮮與流動的情感。

夫妻共同規畫的財務資產裡，除了日常生活的必要支出外，還要有精神生活的安排。這些費用不妨固定在彼此的共同帳戶中支出。至於各自的帳戶，則可依各人生活需求，靈活彈性地加以運用。

這樣安排的前提是夫妻之間擁有絕對的信賴。有些夫妻將所有收入共同聚集在一起，倒也能發揮彼此在金錢上的協調。總之，達成金錢上的共識及協調是十分重要的相處之道，婚前若能了解伴侶在金錢運用上的態度，以及對未來生活品質的期許，便能進一步地進行協調。如此，婚後才不致因為用錢習慣及要求不一而宣告決裂。

PART 1. 支出篇

即使賺小資，也要懂花錢

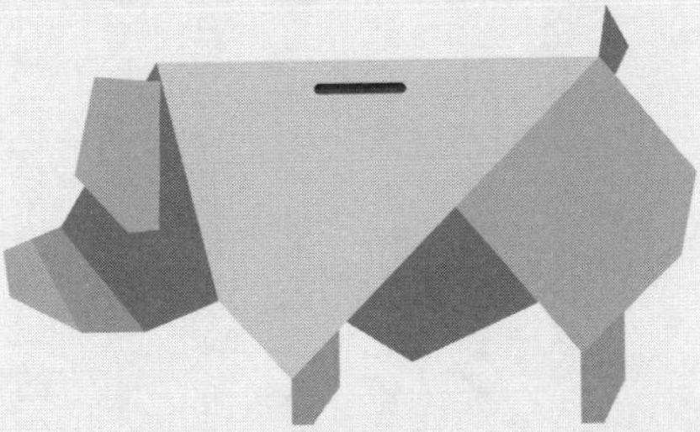

1 如何聰明花錢？

想活用手中每一分錢，讓一塊錢發揮兩塊錢的價值，唯有精打細算、貨比三家。接下來就是要學會找對地方消費，也就是充分掌握哪兒有物美價廉的商品、哪家店的東西物超所值，或是哪個地區可以買到最便宜的名牌貨等資訊。

習慣逛百貨公司、精品店的上班族，買東西不妨多比較幾個地方，就可以用便宜好幾倍的價錢買到品質幾乎一樣的商品。例如批發商區、季末或過季倉庫、名牌地攤和外銷成衣店等，都是不錯的選擇。建議你勤勞一點，多走幾步路，除了運動健身又可省錢，畢竟一般人省錢要比賺錢來得快多了。

買得好不如買得巧

選擇適當的購物時機可以省下許多不必要的支出，長期累積下來，你幾乎可以用這筆錢購買一份昂貴的禮物犒賞自己。遇銷售淡季時，衣服或各項商品的價位往往居高不下，許多人基於個人一時的喜好，一時難耐先買為快；有些人更以購買名牌商品為樂，於是就此流失金錢而不自覺。

購買自己喜愛的商品固然無可厚非，但若先忍耐一下，等候換季的折扣或百貨公司週年慶的特價優惠期間再行購買，不但可以用較低的價位買到相同產品，亦可省下一筆開銷，更可利用這筆錢購買一些較實用的日用品，不也是一舉數得？

業者深諳消費者的省錢心理，故常以促銷方式推出各式優惠購物方式，致使消費者購買了許多不必要的用品。例如，有的業者會打出三件一千元，或原本五百元的東西標原價一千元再以五折出清存貨的優惠價，使人誤以為自己占到便宜，其實卻是因小失大。

總之，消費者應選擇適當的購物時機，切勿因貪小便宜而買了一堆不需要的東西，否則不但沒有達到節省的目的，反而造成更多不必要的支出。地點及交易的過程亦是節流的關鍵。在進行商品交易時，消費者不妨考慮殺價。殺價的結果或許沒有省下多少錢，但依舊是節流的途徑。

至於購物地點的選擇則包括：

1.大賣場及量販店：例如大潤發、家樂福、愛買等。

2.夜市或傳統商場：例如士林、公館、台北車站附近、光華商場、五分埔等。

3.跳蚤市場或較古老的店面。

4.多家商店相鄰，生意較競爭的地帶。

以上地點皆可以購買到較便宜的東西，是消費者在購物時可加以考慮的地點。

人的欲望是無窮的，消費固然可以滿足生活上的種種需求，然一旦決心步入正規的理財生活，就必須在消費的同時也看緊自己的荷包。一個過度享受消費樂趣的人不容易累積財富，克制消費欲望是最根本的節流必備條件。

懂得克制個人欲望後，在下一次準備出門購物前，建議你先寫一份購買清單，並在購買完後一一記錄下來，如此才能真正落實理財的目標及有效運用金錢。唯有用超低價格買到好用、耐看的東西，才是真正的占了便宜。

面對各種低價商品時最好先冷靜三分鐘，試著問自己兩個問題：

1. 我真的需要它嗎？

2. 我使用它的機率高嗎？

如果兩者都是肯定的，且價格又十分划算，這時不買才真的是傻瓜哩！

錢要花在刀口上

如果你不是生性揮霍的人卻很有購物品味，深信自己的眼光與品牌偏好，那麼，請多多蒐集、打聽優惠購物的管道與技巧，如此一來既能用比別人少的花費享受相差無幾的品質與感受，又不至於過分瘦了荷包，何樂而不為呢？

也許你曾經看過一些人非名牌不穿，用的行頭淨是抬得出場的品牌，儼然富家少爺、千金的樣子。但對於一個上班族而言，除非你上輩子積了德，有個有錢的老爸，否則有限的薪水是無法如此揮霍的。

其實，上班族也可以過有品質的生活。雖然賺得比別人少，但只要善於找門路，利用關係，則既可買到想要的東西也無損尊嚴，更何況享受的也比別人多。

一、找過季商品、撿便宜

過季店、暢貨中心是一般人最容易接近的地方，想要撿便宜非來這裡不可。過季商品當然是以過季的庫存品為主，再加上少量的瑕疵品，一般以進口名牌服飾最為普遍。不同的賣場往往有各自的特色，想要在暢貨中心買到好東西，就必須掌握一些訣竅。

以服飾為例，想要從過季商品中撈到寶，絕非僅憑運氣即可，還要有充分的事先準備。因為過季商品尺碼一般都不齊全，加上並非所有的貨都會在此上架，所以最好能對各賣場的品牌有一定認識，了解可能會有哪些單品、款式，並且掌握當季的流行趨勢。依據這一季的流行重點，以現買現穿為原則；即使無法馬上穿，最起碼已經享有折扣優惠。

當媽媽的上班主婦常為了小孩子的衣服而苦惱。買新衣太貴，穿親友小孩的衣服又覺得不夠體面，再加上孩子成長迅速，汰舊換新的速度很快，究竟該買好一點的童裝，或是便宜、但少了一點質感的衣服，成了媽媽們極為困擾的問題。

其實，部分童裝品牌都有過季品、瑕疵品的特賣，只要不介意讓孩子穿過季商品，再加上童裝又無明顯流行性，到暢貨中心買童裝其實可以節省不少開支。這種店一般折扣為五折左右，最低甚至可到一折。至於童鞋折扣則多為七折左右，有時甚至以將近五至三折左右的價格出清。

二、運用員購或團購搶優惠

大多數進口或代理消費產品的業者基於員工的福利，也為了讓員工在外趁機宣傳自家商品，對於員工購買商品通常都有所謂的員工價格，亦即俗稱的「員購」。

常聽說身處熱門消費品行業員工的最大困擾，就是常有親朋好友要求代為購買東西。即使如此，善用自己的人脈購物確實是省錢的好方法。員購價格通常為市價的五折至八折居多，視商品內容而定。產品定位越高，折扣越少；同一行業定位較低的公司，提供折扣則較高。以服飾為例，進口設計師品牌可能僅有八折的折扣，但中價位服飾卻可打到五折。

員購除了折扣數不一，折扣的規則也不一樣，有些是每月訂一天為員購日，有些則是每月或有一定的數量或金額，有些則視商品而定。雖然買東西只是舉手之勞，但是否需要欠人情買東西，除了看交情，最好還是視商品種類與價格而定。原則上，動輒上萬元以上的消費品、大型家電，或是珠寶、鐘錶、電腦等享受員購就十分划算，否則為了一、兩千元就打電話拜託人，不被當作「鐵公雞」才怪呢！

另外揪團團購也是能買到便宜商品的好方法，現在網路購物相當方便，如果能邀集同事、親戚和朋友上網團購商品，都會有好的折扣。但是要注意，上網購物有時候會有陷阱，甚至遇到詐騙，因此慎選有品牌、信用良好的網路商店進行團購，是一個不錯的選擇。

許多交通運輸工具會針對年齡超過六十五歲的老人提供優惠措施，例如火車、高鐵、長途客運、國內飛機敬老票打對折，公車則是免費搭乘。但記得在買票時要提示身分證明。

找量販店就對了

上班族的收入有限，應以量入為出為基本的消費原則。所以，買東西不再只是想買就買，有計畫地大量購買不失為因應之道。計畫性購買除了掏錢之前三思外，亦可親友或同事聯合組成採購小組，或是到批發商場及時下流行的量販店大量採購再分配。

近年來蓬勃發展的量販店批發倉儲不但購物人潮不斷，年節時更是滿坑滿谷的消費者。到底這些賣場有何魅力？說穿了不過就是「便宜」兩個字。目前國內的量販店非常多，大型量販店如：家樂福、大潤發、好市多和愛買等；中型量販店如：全聯社、美廉社等。上班族可以到這些量販店採購日常用品，降低消費的金額。

斤斤計較是上班族買東西的最高指導原則。一般而言，量販店每月都會印製大量的廣告單分送到住家，或公布於網路上，同時列上各種促銷品與印花商品來吸引買氣。消費者不妨事先在家中圈選出想要購買的商品，並比較其他量販店的商品價格，選擇較便宜者。

除了超低價的吸引力，在量販店購物的好處還有「貨色齊全、一次購足」。不光是日用雜貨、食品、生鮮蔬果，就連各式電器、文具亦一應俱全。另外，廣大的賣場附設停車場也能免費停車。到這類賣場購物不僅享受低價，更享受便利，上班族不妨多多利用。在大型賣場中，整車整車地將商品往自己車上塞的景象可說一點都不稀奇。

不過，享受俗擱大碗可能要付出一些代價，例如服務品質較差、喪失多樣化選擇、必須大量採購、售後服務品質較低等。尤其必須注意一點，大箱大箱地以為占到了便宜，結果卻要一年半載才用得完，長期放著不僅占空間，一些食品更有保存期限之虞，反而得不償失。因此，建議上班族到量販店購物時態度應更加理性。

看準時機，大顯身手

在台灣買東西一定要練就一身殺價的好功夫，同時耳聰目明，緊盯某些行業的折扣時間，並算準時機購物，使荷包不致快速變瘦。此外，上門購物時絕對要胸有成竹，面不改色和店家殺價，一定會有令你滿意的結果。

折扣、殺價是台灣特有的消費文化。尤其是殺價，一些消費品明明沒有那麼貴，到了台灣，價格就是要訂得高高的，然後再讓消費者和店家互相廝殺。說好聽點，華人喜歡攀交情套關係，殺價好像能拉攏感情。不管你認不認同這些現象，有些折扣行情就是不了解不行；而該開口殺價就儘管殺，因為這是屬於你的消費權益。

一般而言，消費品有所謂季節性折扣，像百貨公司通常一年好幾檔折扣期，只要耐心留意一下時間表，至少可以幫你節省兩成以上費用。而買家電也要懂得秋季或冬季買冷氣、農曆年後買電爐，肯定可以省下不少錢。同樣的，懂得利用非假日買機票、度假，就是聰明人，省下的錢統統是你的。

另一種則是常態性折扣，包括鐘錶、燈具、眼鏡、汽車等，都有固定殺價空間，折扣早已是公開祕密。如果你不明瞭其中訣竅，只會讓老闆多賺錢樂透了。

經常出國的人都知道，機票票價有旺季、淡季之分，通常七月至九月暑假期間以及十二月聖誕節前後、一月至二月寒假和元旦新年等四個時期出國的人最多，機票自然比平時貴。由於機票屬變化性商品，往往隨市場需求而波動，故購票時應多多比較。還有一點值得注意，就是在旅行社買機票要比個人去航空公司買便宜，消費者可以多試試不同的購票管道，上網買機票也行。

住旅館飯店也一樣，應盡量挑選非假日、非寒暑假和非節慶時段前往。為了平均每天住宿率，飯店對非假日訂房的折扣通常較假日訂房高，有的假日甚至不打折。因此，在非假日出遊不僅費用便宜，也可享受比較高品質的旅遊。此外，有些飯店會與信用卡公司合辦促銷活動，消費者不妨多多打聽。

曾和鐘錶、眼鏡行打過交道的消費者都有這種經驗，買手錶、配眼鏡，一定要砍、要殺，否則被別人當凱子還不自知。一般而言，最好的辦法就是貨比三家不吃虧。鐘錶、眼鏡行打折行之已久，最初是為了順應台灣特殊的消費習性，後來則逐漸演變成行規；特別是景氣欠佳時，暗地削價拚現金更是不在話下。

最後，相信不少人都有過買車經驗。想要向車行殺價，首先必須了解賣一部車的利潤有多少。以國產車為例，通常一部車子的毛利是車子定價的百分之十，而業務員每賣一部車子，佣金大約是百分之五，這筆佣金包括車子、保險和貸款在內，消費者不妨試著殺價。有的業務員不想破壞市場行情，就以贈品代替折扣，好一點的送內裝、皮椅套，差一點的有防盜鎖或隔熱紙。一般而言，國產車不易打折扣，進口車則折扣空間較大，尤其一些銷路較差或準備改款的車系，比較會有促銷折扣。

2 刷卡比付現划得來嗎？

信用卡雖然只是一片薄薄的塑膠片，可是其衍生而出的消費意義與好處卻是無窮的，這也使得許多銀行對於推展信用卡樂此不疲。持卡人可以因為刷卡而累積紅利點數，兌換現金、商品或是因刷卡而有現金折扣，可說一舉兩得。

但是，信用卡也有壞處，如果刷卡不知節制，最後變成「卡奴」，負擔繳不完的循環利息，那可就得不償失了。

迎接塑膠貨幣的時代

對於持卡人來說，持有信用卡的深層意義，在於使用信用卡增加了人與人、人與組織的互動關係。商店收了信用卡之後，持卡人在店員的眼中便是有名有姓的；再加上透過與銀行的連線，他得知你的信用是良好的，所以才可完成刷卡的動作，你也才能順利拿到商品。更進一步來看，透過信用卡，持卡人亦可以做公益、做回饋，藉此表示對某一組織的認同，而這些互動都不是現金交易做得到的。

至於實質的意義就更多了。試想，百貨公司大拍賣時若和三五好友一起採購，發現錢不夠了，還得找提款機領錢，不是掃了逛街的興致嗎？帶了太多錢以致皮包塞不下就更不用說了，萬一在人潮洶湧中錢包被扒，那種心痛的感覺可能會持續好幾天。

使用信用卡好處多多，不但購物興致不會被打斷，萬一信用卡掉了，一通電話掛失即可，損失的只有錢包及掛失費用。此外還有免年費、抽獎、消費折扣、累積

方便的信用卡

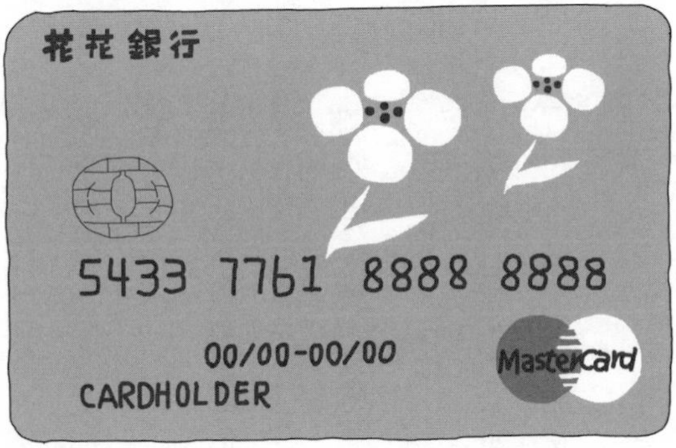

紅利兌換贈品、現金回饋、旅遊優惠、刷卡購機票買保險、愛車免費拖吊服務、免費雜誌、贈品等，都是用現金消費無法獲得的。

此外，發卡銀行無時不在努力構思新的回饋項目，來豐富卡片的內容。像最近就有銀行推出俱樂部式回饋計畫，讓持卡人有多種選擇，優惠項目不但多樣且生活化，也難怪信用卡的發卡量年年成長，生活中再也離不開它。

信用卡雖然好處多多，但大家應該建立健康的刷卡態度，否則一旦濫用信用卡反而得不償失。所以持卡消費必須有正確的觀念，雖然銀行提供的優惠及服務都非常誘人，但不見得適合每一個人，建議申請前多作比較。例如道路救援服務就不適合無車階級，愛逛街的消費者則可考慮申請有各式購物優惠的信用卡。

刷卡搭機買保險，不論金卡或普通卡，一般而言信用卡皆具備旅遊平安險或像行李遺失險、行李延誤險、班機延誤險等旅遊不便險。只要持卡人刷卡買機票，一旦發生事故，則持卡人及其未足齡的家屬都可享有一定的保障。

刷卡買機票到底能享有多少保障呢？

一般普卡的旅遊平安保險保額約在四百萬至七百五十萬之間，而金卡皆在一千萬以上，最高保額約落在三千五百萬至五千萬。至於行李遺失、行李延誤的理賠金額，由於各家標準不同，消費者在申請信用卡時不妨多方比較。特別是經常出國的朋友，若用信用卡刷卡買機票，一年下來多則省下上萬保費，少則存個幾千元也是常有的事。

有些銀行的信用卡須繳年費。若是銀行的服務品質良好、服務項目相當符合自己平日的需要，或是與銀行已經來往相當久，因少許的年費而剪卡是相當可惜的。

信用卡的便利在於先消費後付款，但不代表不須付款，所以刷卡時一定要量力而為，隨時檢查自己當月刷卡總金額。信用卡不僅是薄薄的塑膠片，它還是「塑膠貨幣」，唯有隨時隨地注意其行蹤，才能防止宵小覬覦，並讓持卡消費成為一件快樂又便利的事情。

自從中信銀打出「三十元也要刷卡」的口號，國內消費者刷卡消費以兌換贈品的風氣也日漸熱絡。各銀行輸人不輸陣，亦頻頻以積點回饋來刺激刷卡消費；消費者也努力刷卡想換得免費的禮物或現金回饋。但是消費者選擇使用信用卡消費，不但關係到能獲得多少優惠，也直接影響發卡銀行的利潤。

台灣的信用卡持卡比率相當高，有些持卡人手中往往都持有兩至三張以上的信用卡。在消費刷卡時如何決定使用哪一張信用卡，是各銀行必須多花點腦筋來思考的問題。一般而言，消費者在消費行為中大都習慣某一張信用卡，其取決因素除了認同該發卡銀行，或因其是第一張持有的信用卡、該信用卡的優惠較多等。當然，可兌換到自己喜歡的贈品也是主要原因。

現在的消費者固然個個精明，很少有人真的會為了信用卡所兌換的贈品而瘋狂購物；但是認為贈品不拿白不拿，因而情願多刷幾千元的消費者也大有人在。

有部分消費者認為信用卡的回饋、換禮物，不如拿現金來得實惠，但目前各銀行的現金回饋多以百分之一．五為門檻。刷卡量大的消費者自然不看在眼裡，但平日刷卡金額不高的消費者，就建議慎選一張起跳金額較低的卡來使用。

其實，羊毛出在羊身上，為了贈品猛刷卡是不理性的行為。若要參與信用卡積點回饋活動，最好先看看贈品是否符合自己需要，並問清楚現金回饋的門檻，再選擇一張最適合自己的卡片來消費，千萬不要一下刷這張，一下又刷那張，導致每一張的累積點數都不足以兌換贈品或現金。

兌換禮品是發卡銀行為刺激消費者刷卡購物的措施，但若為了換贈品而盲目消費刷卡是很划不來的，因為贈品的成本絕對比兌換點數所須累積的消費金額低得多。

謹慎使用信用卡

信用卡帶給現代消費者的方便性雖不容置疑，相反的，由其衍生出來的問題也不小。最常發生的除了信用卡被冒領、冒用、偽造之外，因使用信用卡而發生的購物糾紛亦時有所聞。消費者刷卡消費，若發現商品有問題或是繳款帳目不符時，應該如何處置以避免損及自己的權益呢？

依信用卡交易之慣例，持卡人只要在帳單上簽名，即表示確認此款項並有義務支付費用。消費者萬一買到不良品，請先與商店溝通，以換貨或是免費維修來解決，絕對不可以拒付款項，否則將嚴重影響到個人信用。消費者若要求退貨或是更換其他產品，亦應向商店索回原簽帳單。若是商店已經將簽帳單送往收單銀行請款，則要請商店另做一筆退貨簽帳單，將原款項沖銷，再以信用卡刷想要更換商品之價格。

若是在月結帳單上發現多出了消費項目，則有可能是特約商店或銀行的疏忽、信用卡遭人冒用或偽造，也有可能是自己刷過而忘了。遇到上述情況時，應該先以口頭或書面方式向發卡銀行申訴，發卡銀行將會透過收單銀行調閱該項多出來的消費帳目。消費者若發現卡片遺失而遭人冒用，只要在與發卡銀行事先約定之免責時間內完成掛失手續，其所受損失便將全由發卡銀行負擔。若遭人偽造或特約商店、銀行作業疏忽，則消費者可以不用負擔此一費用。

因為自己疏忽而向銀行調閱帳單時，有些發卡銀行會要求持卡人支付帳單調閱費用一至二百元不等，所以消費者應妥善保管未入帳之簽帳單收據，以利帳務查核。

依據銀行公會統計，有超過六成的持卡人曾經動用過循環信用。由國內主要發卡銀行的資料顯示，近來持卡人動用循環信用的帳款激增，已達不少行庫信用卡應收帳款的四至六成左右。正因使用的人多了，連帶導致計息溝通不良的個案增加。雖說銀行業者與持卡人各有立場，業者也做到財政部以書面告知持卡人相關規定的要求，但是推廣發卡時未詳盡說明也是事實，以致持卡人對循環信用的遊戲規則多數一知半解。

其實，各行庫循環信用的利率、起息日與計息本金互有差異，持卡人若是以週轉成本為考量，是有必要貨比三家。以利率為例，民法規定民間借貸年利率不得超過百分之二十的上限，因此各發卡銀行的循環年利率都在百分之二十以下。不過在市場自由競爭的法則下，各家銀行的利差甚至多達百分之五，消費者應有選擇少付利息的智慧。

至於國際性發卡的外商銀行，以及在國內發卡起步較早的信託公司，則利率多在法定的上限百分之二十。而較晚開發信用卡業務的新銀行與省屬行庫為了搶食市場大餅，則不免將利率壓低在百分之二十到十五之間。雖然業者各出優惠與服務奇招，但是就持卡人的成本負擔而言，其高低仍然不同。

目前各發卡銀行都是以日息逐日計息，所以計息期間的起訖點與本金基礎，就成了利息高低的重要關鍵，這點比年利率的高低本身更值得注意。

各行庫信用卡循環利息的起息日算法，計有：墊款日、結帳日，與繳款日三種。由於銀行簽帳的流程是依「持卡消費↓商店請款↓銀行墊款↓本期結帳↓憑單繳款」的順序進行，所以三種不同的起息日，便會因時間差而影響持卡人付出利息的高低。

在利息計算上，銀行和持卡人的立場是衝突的，亦即對銀行有利的，是計息時間越長越好。這三種起息日以自墊款日起算計息期最長，可能多達一個月；而自結帳日起算的次之，約兩週左右；自繳款日起算的計息期則僅一週最短，何者對持卡人有利，不言而喻。在計息期間的排行榜裡，台新、花旗、美國、渣打、中信銀與中國商銀等，都是從銀行墊款日起算，是計息最長的。

持卡人動用循環信用時，若未繳交最低繳款額，必須加計延滯違約金。所謂最低繳款額，各家發卡銀行都以當期消費額（包含預借現金款項）的百分之二十為準，但最低不得少於一千元，且超出信用額度的消費款、上期未付的最低繳款額，或是年費、掛失，與預借手續費、循環與預借利息、延滯違約金等，必須在繳款日全數繳清。

至於持卡人另一項可能的成本——延滯違約金，各行庫規定互異，也可作為選卡的參考。多數發卡銀行是以循環利息的一成加計違約金，或者乾脆再依欠款日息計算，等於加收一倍的循環利息。負擔更重一點的，即使僅遲一天補交最低繳款額，就得支付循環欠款百分之二十的違約金，持卡人不得不慎。

信用卡預借現金

信用卡預借現金（Cash Advance）是急需現金時不分時空，不用求人的不錯選擇。持卡人只要憑信用卡，不須辦理繁複的借款手續，便可在一定的額度內預借現金，解決燃眉之急，持卡人可善加運用。

信用卡預借現金大致上可分為：臨櫃預借現金、臨自動櫃員機（ATM）提取現金兩種取款方式。持卡人只要在營業時間內，親自到發卡銀行或發卡組織會員銀行的櫃檯，單憑信用卡和身分證明文件（國內為身分證，國外為護照），便可輕輕鬆鬆借到現金。除此之外，持卡人也可以隨時透過貼有發卡組織標誌的ATM將信用卡插入，並輸入「預借現金」的密碼，即可在一、兩分鐘內領取所需現金。

目前，大多數銀行都只提供「預借現金」密碼給「金卡」持卡人，故「普卡」持卡人必須主動向發卡銀行詢問並索取密碼，否則臨時緊急需要現金時，便要耗費大量時間在申請手續上，不但不能即時拿到現金，也失去了應享有的權益。

為了解決這項缺失，有些銀行已針對「普卡」持卡人提供了一項貼心的服務。客戶在拿到新卡的一個月內，便可馬上接到一封裝有「預借現金」的個人識別密碼，享有獨特的權益。

收到銀行寄來的信用卡，在拆封時，請務必檢查密碼的信封是否密封。假如發現有破損，應馬上與發卡銀行聯絡。此預借現金密碼為永久有效且無法更改，持卡人務必牢記密碼，以便利提領現金的作業流程。然而，一旦持卡人掛失信用卡，原識別密碼即自動失效。

除了每一筆交易須額外負擔手續費外，信用卡預借現金的還款計算方式和刷卡消費一樣，只要在最後繳款日前付清款項，便可不動用到循環信用利息，而享有短期借款、免利息負擔的優點。持卡人也可以依據個人財務狀況，在最後繳款日時使用循環信用利息來分期付款，只須還清最低繳款金額即可。一般而言，最低的繳款金額通常為總消費額度的百分之二十或一千元以上。

只要持卡人持有國際組織所發的信用卡，在國外旅遊時，便不須再忙於兌換當地貨幣。持卡人不但可以在當地的ATM提領所需的外幣，並可以減少在機場或飯店兌換外幣的匯差損失。在國外使用信用卡預借現金固然方便，但持卡人應分別妥善保管信用卡和密碼，以避免因失竊而造成旅途中不必要的麻煩。

在ATM領取現金時，萬一因密碼錯誤多次（大部分限三次）而發生被吃卡的情況時，可持護照向擁有該ＡＴＭ的金融機構要求取回卡片；倘若無法取回，最好馬上辦理掛失，以降低盜刷或盜領的風險。

國人出國旅遊、洽公或留學身處異地急需用錢時，哪種方式最好呢？基本上，以信用卡預借現金較方便，但成本較高。

在國外利用信用卡預借現金不但要承擔匯兌風險，還得支付二次手續費。有些地區的當地貨幣甚至還不如美元來得方便好用，例如越南、非洲、中南美洲等小國即是。由於以信用卡預借現金的交易流程，是將預借的當地貨幣轉換成他國貨幣，因此銀行收取的手續費，自然包括預借現金手續費及購買外匯的手續費。

一般而言，在海外以信用卡預借現金，每日可提領金額大約合兩百至三百美元，每日可使用的次數則依各地規定而異。在提領手續費方面，多數銀行則採每筆新台幣一百五十元，再加上預借金額的百分之二到四為利息計算。這種收費稱得上是高級的服務，借個一萬元週轉幾天，手續費加上利息竟要三百五十元。

這樣的成本固然不算便宜，但預借現金服務原本就是救急不救窮。發卡銀行替持卡人墊付透支額度，須承擔資金成本及作業成本，風險更是難以評估，因此索費偏高是有道理的。

信用卡注意事項

各銀行可藉由信用卡的契約內容來增加收入，民眾在申請信用卡時，要詳細問清楚每一條條文，以免吃虧。

1. **年利率：**年利率是計算信用成本的單位，以年利率表示，也有的信用卡以月利率或日利率表示。發卡銀行用它來計算你每個月帳單未清償餘額所應負擔的利息費用。

2. **最低應繳金額：**是指你每個月應繳付發卡銀行的最低金額，以維持良好的信用紀錄。最低應繳金額通常是新台幣一千元或是未清償餘額的百分之五（以較高者計）。但是若你每個月只付最低應繳金額，則相對地將負擔利息費用。例如，若未清償餘額是新台幣二萬元，除了要付每個月的最低付款額（新台幣一千元計），還要付利息（若以百分之二十計算），則你大約需要兩年的時間才能付清款項，單單利息就支付將近新台幣四千元。也就是說，當初你以新台幣二萬元刷卡借款，結果總償還的金額是新台幣二萬四千元。

3. **寬限期：**係指借款當日至對該借款開始計息之期間。若你的信用卡有一個標準寬限期，那麼只要付清當月餘額，就可以免付利息。若你有上個月的餘額未付清，則以後的每一筆都不會有寬限期。若沒有寬限期，則從刷卡借款當日或轉入帳戶後，開始計息。各發卡銀行對寬限期之計算有不同規定。

4.年費：很多發卡銀行／公司都對信用卡使用人收取年費，有些則不收年費。應該根據自己的需要及付款能力，決定是否需要申請信用卡，避免因為不收年費而申請過多的信用卡。

5.違約金：若逾期未繳款，各發卡銀行／公司都會對持卡人加收違約金，直到欠款付清為止。各發卡銀行／公司對違約金之計算有不同規定，應避免逾期繳款，而使欠款加速累積。

6.手續費和其他收費：若利用現金卡預借現金、未準時付款，或超過信用額度時，有些發卡銀行會收取費用。有時發卡銀行可能提供額外福利，有些會酌收費用，例如：購買保險、消費回饋、折扣、積分計畫及特價商品。

3 現金卡只救急不救窮？

現金卡[1]簡單來說，就是把金融卡結合循環信用，可視為一張具有透支額度的金融卡。訴求的是方便、因應不時之需、有動用才計息，但也因為高彈性，貸款利息高達百分之十八左右。不過，相較於其他融資管道，現金卡確實提供了快速而方便的服務，只是民眾常忽略了現金卡產品的目的是「救急」，而非「救窮」。例如：當有房租、子女教育費、突發變故醫藥費、保險費等短期且額度不高的資金需求時，手續簡便且申貸門檻低的現金卡，確實可以滿足民眾一時不方便的救急需求。能隨借隨還者，最能享用到現金卡的便利。

何謂現金卡

在日本，這個經濟萎靡超過十年的國家，有項一枝獨秀的消費金融商品——

「薪水貸」，它的主要客層是薪水必須按時「繳庫」給老婆的受薪階級。在日本大型金融機構苦於壞帳節節攀升的時候，提供「薪水貸」的財務融資公司卻高達八千多家，日本上班族幾乎人手一張，且壞帳率遠低於企業貸款。

有鑑於日本小額信貸產品的成功，國內萬泰銀行率台灣同業之先，推出「George & Mary」現金卡，每張卡片額度只在三、五萬元左右，顛覆過去銀行貸款只看大不看小的觀念。現金卡申辦容易，隨時可由自動提款機領錢。

現金卡須注意收費和契約內容

目前現金卡的收費項目，以借款利率、動用帳務管理費、開辦費、逾期繳款違約金等四項。

1 編按：二〇〇五年至二〇〇六年間，由於信用卡、現金卡之濫發、濫用，台灣暴發卡債風暴，許多人受債務所苦，淪為卡奴。之後，政府介入並修改政策，導致大部分現金卡皆停止服務。然此篇章之內容，仍可對應於信用卡之預借現金服務，以作參考。

1.借款利率： 水準從年息百分之九．九九至百分之二十不等，採按日計息方式，動用時才計息。多家銀行為招攬新客戶，祭出一個月至九十九天免息的優惠；其間的玄機是，要辨明這項免息優惠是從「核卡」後起算，或是「動用」後才起算。以土銀「春嬌志明現金卡」為例，是核卡後起算，因此最好是一核卡就開始動用借款，否則形同自動棄權。

2.帳務管理費： 是以每筆動用來計算，目前的主流價位是一百元，但若是跨行提款或是轉帳會多產生七元、十八元費用，這筆費用是內含還是外加則每家各異。像萬泰、台新、一銀等都採內含方式。

3.逾期還款違約金： 目前出現爭議不大，但隨著現金卡卡量已達百萬張的市場量來看，逾期還款違約金的計算將會是未來現金卡持卡人注意焦點。

目前市場主要計算方式有兩種，一種是仿照現行小額信貸及房貸逾期還款違約金計算方式，逾期在六個月以內，按原約定利率加計一成計算；逾期六個月以上，按約定利率百分之二十計算。另一種計算方式則是考慮現金卡借款金額小，所以直接改按年息百分之二十計算利息。而計算違約金的基礎是以整個延滯金額來計算，還是只按最低應繳金額來計算，各銀行契約全都沒說清楚，是持卡人未來會碰上的最大問題。

謹慎使用現金卡

若不善加利用現金卡，很可能會變成讓你負債累累的魔鬼。

活用優惠時段低利率，充分發揮救急功能是現金卡最初設計的功能。如果淪為借款人資金不足「以短支長」的工具，或是銀行衝刺業績的金融商品，就會產生相當大的負面效果。

一、發卡銀行花招百出

1.首月或前三個月免計息。

2.數月優惠利息，日後再調升：如果你打算將還款時間拉長，要注意各業者優惠時間的長短與利率波動，以免前幾個月優惠時段一過，馬上便被沉重的負債壓得喘不過氣，陷入永無止境的循環利息中。

3.裹著糖衣的現金卡：萬泰銀行的George & Mary現金卡開啟國人「新貸款」

觀後，各家銀行也看準民眾小額週轉的需求，不斷利用各種廣告包裝與活動促銷。在不景氣環境中，現金卡市場卻開出一片長紅。現金卡是屬於一種高利率、高風險的急救性小額貸款，是給急週轉的人能在短時間內快速取得現金，而非養成消費者以「現金卡養信用卡」或是「以債養債」的習慣。

二、使用現金卡「救急不救窮」

現金卡只能支付「臨時性的需求」，在借貸前就應該詳加規畫需求用途。至於利率的選擇、額度的高低甚或是便利性與卡片的多元化功能，則是其他衡量的方向。或許，對真的急需週轉現金的經營者，現金卡能替他們省去不少麻煩，甚或是一個很好的理財工具，但在各家發卡銀行花招盡出下，大多的消費者已迷失在誇大的廣告與宣傳中，卻沒發現潛藏在現金卡中的危機。開辦現金卡前，你看到現金卡潛在的問題了嗎？

1. **告知利率與實質利率的差別：**一般會開辦現金卡的族群，大多屬於經常借貸的民眾，多在三十五到四十五歲之間且能在一到兩個月還清借款。而還款利息在於發卡銀行本身利率的高低。因此，利率的選擇就成為辦卡者第一考慮的要素。建議開辦者簽定借貸合約前，一定要仔細查看契約內容，是否與告知利率相符要求副本留存，才不會讓業者又剝了一層皮。

2.借款成本的計算：許多發卡銀行標榜著「前三個月零利率」的生意花招，藉以吸引消費族群的青睞，但在零利率產品的背後，卻隱含手續費等借款成本，經過換算後，利率甚至可能逼近百分之二十循環利率的水準。在急需現金週轉下，多數開辦者根本不會注意背後隱藏的龐大借款成本。因此在此提醒消費者，在開辦前，除仔細評估各家現金卡的成本計算，也可多和有經驗的使用者討論，慎選信譽良好的辦卡銀行。

三、了解還款方式與要求帳務明細

在現金卡廣告中，銀行業者用核發快速、便利取款的方式提供消費者另一借款的捷徑，但卻很少提及如何還款。許多發卡銀行不提供帳單或存摺供消費者對帳，消費者僅能以ATM交易明細表確認餘額，但其中收費明細卻難就餘額推算，這有帳務不明、資訊不公開的問題，對持卡人而言也是十分不合理。

根據消基會調查，現金卡的借款利率已逼近民法中規定的年息百分之二十上限，而延滯繳納金更無限制。至於現金卡被盜領的損失，多家銀行則比照金融卡相關規定，由消費者自行負責。

四、確實辦理退卡手續

一旦辦卡，即使從來沒有發生實際的借貸行為，辦卡銀行也會「預設」你已經向銀行借了一筆款項。所謂現金卡其實就等於信用貸款，你在辦卡申請書上所填寫的信用額度，就是準備向銀行「借貸」的金額。換言之，就算你沒借錢，這筆所謂的「借貸行為」就會間接排擠其他貸款的額度。

現金卡解約動作並非是將卡剪掉寄回，而是要向銀行申請一張「小額循環信用貸款終止契約書」填妥寄回，並由銀行寄給消費者「清償證明」，證明雙方所有借貸行為已經完全終止。如此，才算是真正的解約，否則會影響日後與銀行間的借貸往來。

五、現金卡與債信危機

現金卡是一張不道德的卡，因為最易讓學生淪為「卡奴」。對於消費者而言，這樣一張卡片除了讓貸款更方便快速之外，是否也將帶來問題？

「這是一張不道德的卡。」一位新銀行主管提出警語，因為辦卡門檻只要滿二十歲，只要能提供兩位聯絡人（並非保證人），即使沒有謀生能力也能在額度內隨意借錢。這張卡片極有可能成為許多家長的夢魘。

事實上現金卡一半以上的市場來自於有「周轉」需求的民眾，不少是地下錢莊的客戶。現金卡市場低利率百分之四．九九，但只針對公教人員貸款，而國內幾家主要現金卡發卡銀行，利息仍維持百分之十八．二五，約當年息二分，利息負債之重，動支者不可不慎重處理。

現金卡對於核貸限制可說相當寬鬆，因此不少卡奴轉將現金卡作為「以卡養卡」的工具，或衝動購物時的第二張「信用卡」，而非方便使用的緊急預備金額度，是相當錯誤的觀念。現金卡以動用天數計息，且利率高，建議在動用額度時應先有償債計畫，而不是一味地以新債償舊債，寅吃卯糧的結果將致使個人信用受到嚴重破壞，成為銀行的拒絕往來戶。

國內的銀行為了衝刺卡量，激烈競爭下只好發卡氾濫，就連沒有收入的學生，也能手持一張現金卡。結果就造成年輕人借錢管道越來越多，消費也越無後顧之憂；在信用卡加上現金卡的消費額度下，一個年輕人每個月擁有十萬元的消費額度，絕非難事。但結果卻是導致信用卡循環利息、現金卡、預借現金等貸款餘額不斷創新高；據了解，有些學生還未出校門，就在信用卡的幫助下，欠下銀行三十多萬元。

為了解決高欠債的問題，年輕人最好是以清償債務做起。平日就減少消費，然後再借低還高，減少利息支出；因為現金卡的利息負擔是很重的，一旦發生繳不出錢的時候，就將會面臨信用破產的命運。

各銀行現金卡優惠利率打得震天價響，不是第一個月零利率，就是前三個月超低利率，總之都在數字上做文章。現金卡要用得划算，必須是自己可能短期動用小額急用周轉的人，中間省去與銀行往來的時間，最快半天內就能核卡下來。如果選擇動用前幾個月免息的銀行，負擔還算低。打算長期使用現金卡的人，就要多比較實質利率、每次動用手續費以及開辦費，因為在優惠利率的面具底下，還掩蓋著玄機。目前多家現金卡都要收取動用手續費，每次提領收一百元或是動用金額的百分之一。同樣動用一萬元，如果一天就還，若適用利率是百分之十八．二五，支付利息是五元；若適用利率是百分之十二．九九，一天支付利息約三．五六元。

借錢管道越來越多、門檻越降越低，銀行無非是要賺你荷包裡的錢。要想看清銀行葫蘆內賣什麼藥，最好的方式是，不管銀行用什麼包裝，都一定要換算成「年利率」。畢竟，這是一個定存利率不到百分之二、投資又難獲利的時代，只有在年利率的基礎下，才能真正以直接、透明的方式比價。

銀行積極衝刺現金卡市場，在人情壓力和贈品誘惑下，現金卡發卡量衝破二百萬張大關。當現金卡成了皮夾裡的第N張卡片，了解現金卡本質並懂得善用現金卡，不但可以守住信用資產，更可以聰明理財。

曾經聽過的例子是，有一位網友因拗不過業務人員的推銷，加上辦卡贈品的誘惑，辦了一張其實也用不上的現金卡；然而卻在數個月後，打算申辦房貸時，被房貸徵信部門告知：「目前已有貸款且尚未償還，核貸金額可能會縮水。」該名網友在與徵信人員進一步確認下才發現，原來是現金卡惹的禍。

不少消費者並不是十分了解現金卡的本質，以為「多少辦一張，不用也沒有關係」。錯誤的觀念使得現金卡可能成為日後理財的絆腳石，而不是便利的週轉工具。銀行在一窩蜂搶客戶的同時，也應告知借款責任和義務，避免其個人信用貸款額度或評等，在不知情的情況下受到傷害。

不論信用貸款對於抵押貸款的影響如何，當借錢成為現代生活中不可避免的一部分時，民眾應該具有正確管理個人負債的觀念，而首先必須掌握的就是銀行如何評估個人的負債情形。個人的可負債總額，在各家銀行內部存在著一套評估系統，一旦接近總額上限，銀行放款會更加審慎。

值得注意的是，由於辦現金卡就等於辦貸款，因此如果你打算「停卡」，所謂的「剪卡解約」方式，僅適用於信用卡。而現金卡正確的解約動作必須填寫「小額循環信用貸款終止約申請書」，請銀行開立「清償證明」，證明持卡人已清償所有的債務，解約程序也才算完整。

4 適當節稅可節省支出

節稅是為了不讓辛苦賺來的錢因繳納不必要的稅金而減少，因而尋求合法的方式來減輕稅賦。節稅與逃稅不同，逃稅是不合法的，必須負法律責任，不但要補稅還要繳納罰款。

節稅是每一個理財者應該了解的一項大學問，因為我們辛苦賺錢後，卻又必須負起繳納所得稅的義務。節稅的目的，便是兼顧兩者，使我們在賺錢之餘亦可盡到公民義務。

一般節稅可以尋求的途徑，包括保險及增加可扣抵的項目，在利用免稅及扣抵的部分之後，的確可以省下不少的稅賦。一般可利用的包括扶養親屬寬減額、標準扣除額等，納稅人在準備納稅時不妨仔細弄清楚稅務。

在眾多的稅賦中，你究竟了解多少？

除了個人在所得收入上應繳納綜合所得稅外，牽涉個人購屋的稅賦則有契稅、地價稅、房屋稅、土地增值稅及財產交易所得稅等；若未來在退休時將財產移轉給子女，還需要繳納遺產稅與贈與稅，凡此種種都與我們發生密切的關係。

想要規畫綜合所得稅的節稅策略，就必須先了解綜所稅的基本概念。民眾在上一年度如果有賺錢，不管是老闆發的薪水或是兼差外快稿費，還是賣房子的收入，都得全部加總起來計算在「綜合所得總額」內。

算出綜合所得總額之後可以扣除相關的費用，這些費用包括扶養親屬免稅額、各種扣除稅，剩下的就是「綜合所得淨額」；之後再依公式計算應繳稅款，減除「扣繳稅額總額」，最後剩下來的就是民眾要繳的稅款。

儘管每個人的所得結構或收入項目有所不同，但整個計算綜所稅的程序卻是相同的。從上述綜所稅的計算過程中，我們可以歸納出幾個簡單的節稅通則，分別為**減少綜合所得總額**、**提高免稅額和扣除額**等，如此便可降低綜合所得淨額，進而少繳些稅款。

減少綜合所得總額

一般人大多是到了報稅前夕，才想要減少個人的綜合所得總額，而這幾乎是不太可能的事。因為綜合所得稅是以何時發生所得為計算基準，而今年度所報繳的是前一年度的所得，想要重新規畫前一年度的所得概況以減少綜合所得總額，除非時光能倒流。因此，在做綜所稅規畫時應事先有計畫地做準備，也就是為下一年度預先規畫。

我們可以先從所得項目來看。目前稅法把各種所得分成十大類，分別為：薪津、營利所得、執行業務所得、利息所得、稿費、租賃所得、權利金所得、財產所得、退職金所得、競技和中獎所得等。每種類別都有不同的課稅規定，從所得類別亦可看出個人的資產配置情形，進而做適當的調整。

利息所得包括：公債、公司債、金融債券、各種短期票券、存款和其他借出款的利息所得；公債則包括各級政府發行的債券、國庫券等。這類利息所得來自於各種固定收益的投資工具，因此是觀察資產組合很好的標的。

一般說來，由於利息所得在二十七萬元以內可以免稅，因此，這類利息所得一

所得分類一覽表

所得分類
薪津
營利所得
執行業務所得
利息所得→公債、公司債、金融債券、各種短期票券、存款和其他借出款的利息所得
稿費
租賃所得
權利金所得
財產所得
退職金所得→退休金、退職金、終身俸和非屬保險給付的養老金所得
競技和中獎所得

且超過二十七萬元，一方面可能被課稅，另一方面也顯示固定收益資產可能太高，有必要檢討調整利息所得。例如把定存解約改作投資股票、基金；若是適用稅率超過百分之二十時，則可考慮改買分離課稅的短期票券，以免過多的利息所得被課徵更高級距的稅率。

另外，如果是購買公債，則可以利用買賣斷方式避開利息收入，減少利息所得稅；也就是在領息日之前，高價賣掉含有利息的公債，領息日後，買回原先賣出的公債，因為不含利息，所以比較便宜。這種方式，就是將需要繳稅的利息收入，變成不用繳稅的資本利得。

凡是個人領取退休金、退職金、終身俸和非屬保險給付的養老金所得，都是退職所得。退職所得的課稅方式，一次領取是年資乘十五萬元以下免稅，年資乘十五萬元到三十萬元間半數課稅，年資乘三十萬元以上全數課稅。至於分次領取，每年的免稅額則是六十五萬元。

對退休民眾來說，這筆畢生努力的所得，到底要一次領還是要分次領，得另外考慮到稅賦的問題。同時，退休金的運用方式，例如到底是要買房子、買股票或是辦理存款等，也都有後續的稅賦問題要注意。

提高免稅額與扣除額

除了自己、配偶和子女外，符合受扶養條件的父母也是爭取的對象。特別是年滿七十歲以上的直系尊親屬列報扶養，功效加倍。另外，其他親屬例如伯、叔、姑、舅、甥、姪等，只要有扶養事實者，也可以檢具相關的證明文件列報扶養。

而年度中身分改變的人亦可衡量是否應該扶養，例如年度中出生、身故，年度中年滿廿歲或從學校畢業等。

至於提高扣除額部分，如果適用標準扣除額，則節稅的空間不大，選擇列舉扣除額的節稅空間較大，但多半是年初即應該有所動作，例如透過捐贈、購買保險來節稅等。

若到了申報季節，則所能做的只有「確保戰果」，確定各項可以申報的憑證是否正確，例如房貸利息支出憑證，是否寫清楚所有權人的姓名，上一年度整年的治療、生育費用單據是否已整理妥當等等。

除了一般扣除額外，特別扣除額尚包括就讀大專院校子女的學費及殘障特別扣除額，都可以盡量扣除。

節稅尚包括其他不同項目的節稅，例如房地產的節稅方法、醫療節稅、保險節稅、扶養親屬的節稅方式等。這些不同的稅金有些可以利用合併或分開的方式組合計算，或利用各種扣除額的方式進行節稅。

以下我們簡略列舉幾則節稅應注意及可利用的方式以供參考：

1. **選擇適當的申報方式：**不論是合併申報或分開申報，不妨計算出較低的申報額作為申報的方式。

2. **善用免稅及扣除額、寬減額：**許多人常忽略許多可以不必計入的免稅、扣除額、寬減額，應善用這些項目。

3. **各式證明文件務必妥善保存：**除了方便申報時提出證明，可以減免許多稅額。

4. **避免延期或逃稅：**延期納稅或逃稅，不但不能減低稅額，反而會增加罰金及補足差額的麻煩，因而不得不慎重。

民國九十二年依稅法規定，申報綜合所得稅的時間為五月一日至五月三十一日，納稅人應準時申報繳稅。

夫妻應如何報稅

夫妻本是同林鳥，因此，除非在結婚當年度或一方符合受扶養條件，例如年滿六十歲、身心殘障等，否則一定得合併申報。感情不好的分居夫妻，國稅局雖然特別通融可以分開申報，但實際上在計算稅款時還是應合起來一起算，再依所得比率分別開單退補稅款。

既然夫妻得合併申報，為什麼報錯稅的比例會如此之高呢？

造成夫妻報錯稅的主要原因，其實是在於計算稅款的方式。由於綜所稅是採累進稅率，兩個人的所得加起來適用的稅率，一定比一個人自己申報來得高。財政部為了避免稅法被批評有懲罰婚姻的嫌疑，因此設計了夫妻的薪資可以分開計稅的規定，即配偶的薪資所得可以分開來計算稅款，之後再把兩者的稅款相加，即為應繳稅款。

也因此，夫妻的計稅方式就會出現下列兩種情況：

1. 夫妻各項所得都合併計稅。

2. 由先生或太太擔任納稅義務人，兩人的薪資分開計稅。

而這種善意的設計卻造成了稅法的複雜，進而使得許多夫妻不知如何計稅，甚至出現計算錯誤的情況。

最好的方式是一開始先不要填納稅義務人，再利用試算表或試算稅式，先將幾種方式加以核算。通常，稅捐單位會連同申報書提供夫妻薪資計稅的試算表。如果沒有試算表，建議民眾明年報稅時不妨多拿一份申報書，基本資料只要填一填，但申報書後的試算表則可分別以夫妻列為配偶，算算看哪種方式比較划算。

5 投保人身保險是必要支出

保險這兩個字在過去只要一被提出，許多人就會拉下臉，似乎只要提到保險，便和死亡脫不了關係，因而往往忌談此話題，以致保險一直未能深入被了解。如今觀念漸漸開通，保險已成為現代人生活中的一種保障。一般人由於財務收入尚屬小康，一旦面對突來的意外事故，往往造成生活上極大的困難，因而建立正確的保險觀念確有其必要。

人壽保險的必要性

保險是被保人遇到傷亡時，保險公司便會依照當初投保人所定的保額給予償付，受益人將因此投保而獲得保障。保險的項目不但包括人，亦有車子、房屋等。它可讓一般人在遭受意外時，立刻得到穩固的保障。

任何人都無法預測明天會發生什麼事情。俗云：天有不測風雲，人有旦夕禍福。在日常生活中，任何有關人身或財務的災害都有可能使人們陷入悲慘的境地。即使如此，大部分的人總是沒有預防的心理，認為只要自己小心防範，便會無災無難。然而，一旦災害突然降臨，事後的補償通常都不能真正幫上什麼忙。

個人在決定保險後，應該立即對保險公司的理賠能力及經營的狀況做一番評估。由於保險項目極多，以致許多保險的內容或優惠根本沒有什麼特別用途，只是徒增投保人的金錢負擔。故購買保險時最好能小心地確認保險的金額、保險的內容及保險所保障的範圍，以免造成保了險卻得不到理賠的結果。

人的一生由生到死都是未知的，我們所能期待的，就是一份保障，保障身邊每個所愛的人。終生險提供的正是這種保障，只要定期將保費付清，你一定可以將此筆金額遺留給希望的受益人。

終身險保障的是人的一生，你不必擔心無法獲得報酬，因為它是屬於零存整付方式的險種。唯需要注意的是終身險若在年輕時便投保，則所繳費用較低；若年紀大了再投保，則保費會一直提高。有時候因為投保人年紀大、身體健康較不佳，保險公司可以拒保或要求你加額保險。

在支付保險費的壓力下，我們應針對個人的財力狀況做適度分配。然而，是否真的必須保那麼多險才能穩固我們的一生？

其實，在面對許多新鮮且名目繁多的險種時，我們首先應該確定的是：如何選擇一個既符合需求又能達成保障目標的保險種類。一般說來，每個人的保險需求不同。小孩子由於尚有父母供養，在險種上以壽險和醫療險為主；而退休後的老人由於年紀已大，在之前已有養老險，因而亦不需要再保其他險。但社會的中堅分子又如何呢？甫入社會，經濟來源尚不充裕，如何保障個人，選擇一個便宜又有效的保險的確有其必要。

「保單質押借款」對許多購買高額保單的保戶而言，不失為資金週轉的有效紓困的方法，但購買小保單的保戶所借有限。除非是繳了十幾年的保費，否則許多保戶往往因為貸不了多少錢，而提不起申貸的念頭。要保人繳交保費若達一年以上，即產生保單價值準備金，此時要保人約可申貸價值準備金的九成。

利率的計算方式，則依據保單的預定利率外加百分之零．五。如果保單的預定利率百分之三外加百分之零．五，那麼借款利率就是百分之三．五；如果保戶手中有兩張以上的保單，就要找預定利率低的保單來質借。「保單質押借款」這種方式，比起其他借款方式優惠許多，保戶不妨多加利用。

人身保險的種類

人身保險的種類繁多，究竟要如何選擇才能擁有充分的保障又不多花冤枉錢？當然，選擇保險前應該先了解自己的需要。例如，每個人對風險的定義不同，有人考慮自己身後家人的保障非常重要；有人則認為自己晚年或者發生意外時不要給家人帶來負擔最重要；也有人認為自己活著的時候有更多一層的保障最重要。

現在的保險種類就是順應越來越多不同需求所設計的，以目前的保險市場而言，大概可分為以下幾種：

1. 人壽險：其中又分生存險、死亡險、生死合險。
2. 健康險：即醫療險。
3. 傷害險：也就是意外險。

既然是規避風險，目前國內許多保險公司的意外與醫療，都屬於附加在主壽險以外的副險。當然，保費是隨著年齡增加而趨高。如果年輕時即開始保險，不但保障大，保費也低。事實上，保險除了保障本人外，很大的功能是保障活著的人，也就是自己家人。

主壽險部分則又分為定期壽險與終身壽險兩種。所謂定期壽險，指的是保戶和壽險公司所約定的保險期限，限於一定期間內，如十年、二十年等，屆滿時保戶若仍健在，則壽險公司不用理賠，而保戶所繳的保費亦不能領回。終身壽險則不同，保戶與壽險保險約定的期間是終生，保險公司有義務在保險人死亡時賠錢，而且終身壽險在繳費到達一定期間後即不須再繳費，保險卻可持續到身故。

還有一種生死合險，這種保險由於結合保險與儲蓄的功能，故也常被稱為儲蓄或養老險。

該種壽險結合兩種型式，變化也較多樣，計有：

1. **加倍給付型**：結合定期壽險與生存險搭配而成的設計。例如，在一定期間內投保人如果發生意外，則可獲得保額一定倍數的理賠；一旦超過這個期限，則可領回和投保額相同的生存給付。

2. **還本型**：也就是所謂「活得越久，領得越多」的型態。投保人在繳費滿一定期間後，每隔一段時間就可領取一定金額，且活得越久領得越多，就連身故時也可領取保險金。

3.增值型：為對抗通膨而設計，保險公司在理賠時會按比例遞增保費。

人身保險的附加險種

台灣現在雖然有全民健保，但許多國人由於希望提高醫療品質，因而投保醫療險。目前保險公司所設計的醫療險給付，包括有醫療給付、手術給付、居家看護、加護病房給付、化學治療或X光給付等。

以目前最常見的給付項目「住院給付」來說，即區分為日額型與實支實付型兩種。所謂日額型，就是按保戶住院的天數給付一定金額，通常規定有最高給付天數。至於實支實付型，就是持實際支出單據回壽險公司請領醫療費用，但一般也有請領上限。

現在的保單也有重點保險，例如：重大疾病及防癌保險等即是，此外還包括腦中風、心肌梗塞、冠狀動脈繞道手術及癌症等。另外，亦有以喪失工作能力為保障依據的失能險，也就是被保人一旦喪失工作能力，保險公司定期給予投保時約定的金額。

除了醫療以外，傷害險（也稱意外險）也是投保人在生前保障自己遇到任何不幸時，能得到保障，或不拖累家人的一種權宜之計。如果投保人在保險期間，因遭遇外來突發的意外事故導致身故或殘廢時，壽險公司得依契約規定給付保險金。

以下為人壽保險的好處：

1. 可免於發生危險事故時所導致的生活不安定。若沒有事故發生，則得到滿期或生存年金，亦可安養天年，維持生活的安定。
2. 投保後使人有恃無恐，可專心致力於事業的發展。
3. 按期繳費，日久成習，可以養成勤勞節儉的美德，無形中亦養成強迫儲蓄的性質。
4. 可以確保子女在父母不能賺錢時，仍享有接受教育的機會。
5. 每年繳納的保險費，在限額之內可於綜所稅中列舉扣除；死亡、滿期等各種保險給付，亦不必課徵所得稅、遺產稅，可享節稅、免稅的優惠。
6. 投保壽險可使生活獲得保障，減少社會問題，有助於社會安定與進步。

7.投保壽險對債務的清償提供適當的準備，可免除發生不幸事故時，造成妻離子散或事業瓦解的情形。

8.保險公司收取保費，累積成龐大的長期資金後依法運用，可增加國民就業，繁榮社會經濟，並提高國民生活水準。

投保壽險的陷阱

投保壽險雖有上述好處，但受制度所限或因投保不當，仍可能發生得不到保證金或發生糾紛等情事。故投保時宜注意下列事項：

1.投保時填寫要保書，有關健康聲明事項，若有陳述不實、遺漏或隱匿情事，保險公司依法不負賠償之責。契約訂立經過兩年，即使有可以解除之原因亦不得解除契約。不少業務員與客戶即利用此規定，聯手跟保險公司賭二年（即違反告知）。結果雖然客戶領到了死亡給付，但法院曾有判例，業務員必須賠償保險公司的理賠損失與利息負擔。

2.壽險的承保範圍中有些被列為除外責任，並不是任何一種死亡原因都可獲得理賠。例如自殺、犯罪、核災等因素，就可能得不到保險金。

3.有些保單設計，因發生事故的不同而給付不同的保險金額。例如病故或意外身故，保險金額的給付倍數往往不同。

4.投保時應逐一了解各重要事項，例如保單貸款及解約金，通常均以當時保單價值準備金的範圍為準，但卻常被誤以為是所投保金額或繳付的保費。

5.投保者因所知有限，在辦理投保手續時常常由業務人員代筆，甚或代刻印章，以致因忽略了許多重要事項而蒙受損失。

投保人壽保險時，如能經由既可靠、服務又好的業務員安排，再加上自己的小心，必可避免各項保險糾紛的發生，充分享受保險的好處。

外出記得保旅行平安險

出國前是否該為自己買一份旅行平安險？旅行平安險是否真能確保所有的意外傷殘皆可獲得理賠？這些問題都是旅客在出國前必須仔細了解及確認，以免保了旅行平安險卻無法獲得合理的賠償。

旅行平安保險不同於一般壽險，它在保障的範圍中並不是全面性的，故投保時應注意的是投保的天數與額度，並仔細解讀其內容。一般而言，出國旅遊前為自己買個保額高的旅行平安險，可說是給家人及自己一種保障。一旦真的遇到突發事故，家人才不致陷入困境。

出國旅遊者的旅行平安險一般都交由旅行社代辦，除非是個人出遊才可能交由機場內之壽險保險辦理。投保者在填寫完申請書及繳完費後，即可立刻生效。

旅行平安險中，二百萬元的旅遊險內容，一般包括過失責任、無過失責任、額外費用及其他費用。保險的事項也分為純意外交通事故、其他意外型的意外險，及種類較繁雜的傷殘險。純意外交通事故，受益人可得到全額的理賠；而傷殘險則依傷殘程度分別給付。通常保險公司會仔細審查細節，保戶在出國前一定要仔細確認內容，以免發生不必要的糾紛。

另外有一項即是旅行平安保險的附加險——海外急難救助。其保障項目包括緊急醫療諮詢、求助諮詢（證件、行李遺失等），及親友探視與代墊住院醫療費等。這種保險的價格較高，投保人可視需要決定保險項目。

旅行平安保險必須注意的事項還有許多，其中還包括確定保險生效的時間，不論是否更改，都應與保險公司確認清楚。另外，在意外的認定上也必須仔細釐清。通常，一些高危險的活動並不附加於保險的範圍內，如滑雪、競賽、滑翔翼、潛水或登山等；而其中疾病或外來的人為事故，如戰爭、傳染病等亦不在保險範圍內。保險所保障的範圍極廣，但在內容上仍有許多未附加於內的項目，保戶最好及早有所認識，以免除了承受傷者之痛，還要面臨領不到保費的痛苦與無奈。

其他可能需要的保險

一、汽車保險

汽車對於許多現代人而言，無疑是十分便利的交通工具。由於台灣的交通狀況不佳，交通事故頻傳，汽車險便成了許多擁有愛車的現代人的必備保險。現行的汽車保險包括三種不同內容的保險種類，尚附有其他的保險可供選擇。以下我們分別就三種不同的險種內容作介紹：

1.汽車第三人責任險：汽車第三人責任險為一種強制性保險，交通部所公布的法規規定：「汽車所有人在監理處申請發給牌照時，車主必須強制性投保汽車第三人責任險。」

投保汽車第三人責任險以後，若被保險人於期間發生意外事故，導致個人所有、所使用或管理的車輛受損，以及危及第三人致死或受傷時，被保險人可依程度向保險公司尋求理賠責任。此處所指的第三人，並不包括乘坐的被保險人家屬、親友等人在內，而是指被保險人與保險公司外的第三人。另外，被保險人若因保額低，可再自由選擇投保額度較高的責任險。

2.汽車綜合損失險：汽車綜合損失險是一般人常保的項目，其內容為：「被保人的車子因碰撞、傾覆、失火、閃電、雷擊、抛擲物、墜落物體，或第三人的不善意行為所形成的損滅事故，則被保人亦可依損壞程度向保險公司提出索賠。」

一般綜合損失險由於肇事率高，因而保費也相對較高。通常保險公司會依照損毀的程度給予賠償，投保人在選用時不妨視情況而定。

3.汽車竊盜損失險：汽車竊盜損失險是指，被保險的車子遭受搶奪、強盜或偷竊等所引起的損害或遺失，被保人可依損害程度向保險公司索賠。由於保險公司不負擔零件及裝備的遺失部分，因而車主必須另保附加險。車子在確定遺失後，保險公司會依照折舊率的金額，從車主必須負擔的自付額中給予一定的賠償。

以上三種為汽車的主險部分，亦稱全險，其餘尚有一些附加險，保險人可依需求另外加保。因此，保險人在準備投保時宜仔細閱讀保險內容。

以下為附加險的內容介紹：

1. **綜合損失的附加險：**包括因颱風、地震、海嘯、冰雹、洪水，或者因雨水造成的積水導致損失，及人為的民眾罷工、暴動或民眾騷擾等保險。

2. **竊盜損失險的附加險：**各式零件及配件遭竊的保險。

3. **任意汽車第三人責任險之附加險：**包括醫療費用、汽車乘客責任險，及雇主的責任險、酗酒肇事駕車的責任險等。

二、居家火險

住家是現代人在理財中占極大分量的財產，理財規畫光是在住家購屋的花費上，便已占去了一半以上，因而住家的保護及維持是十分重要的。

由於火災是住宅會遇上最頻繁的住宅災害，因而現代人在財務寬裕之餘，不妨考慮為自己的住宅添加一份保障。一般住家所投保的火險可分為主要險與附加險。主要險主要涵蓋的範圍，包括火災事故的起源之爆炸，或火災本身引起的、閃電及雷擊所造成的傷害，家庭用鍋爐、電器用品、煤油爐爆炸等所造成的嚴重損害，建築家庭用或照明取暖用的煤氣所引發的災害，這些皆是普通火災造成最基本的保險內容。

另外，火災險中尚包括其他的附加險，如下：

1. 自然災害型的颱風、地震、洪水等不可避免的附加險。
2. 人為造成的罷工暴動、民眾騷擾、惡意破壞行為等。
3. 竊盜險。
4. 第三人責任險。
5. 營業中斷險。
6. 自動消防裝置滲漏險。
7. 爆炸險。
8. 地震險。

9.颱風險。

火災險依保額限度，分為足額保險、超額保險、不足額保險三種。

以下分別就三類保險作介紹：

1.**足額保險**：足額保險是指投保人的保險金額，等於個人財產的價值，也就是發生火災事故時，個人在財產上的損失將獲得同等價值的賠償。

2.**超額保險**：超額保險是投保人將投保金額提高到比財產真正價值還要高的保額，此超過部分將不會得到賠償，保險公司仍會依財產價值給予理賠。

3.**不足額保險**：投保的金額少於財產實質，賠償時依照損失的給予賠償。

有些人會考慮單獨買附加險，但火災險中的附加險不能單獨出來保險，必須與主險互相配合才行。

我們一生花了那麼多的費用購屋，因而更應該為自己的住家買一分保障。一般人往往忽略了火災險的重要性，但保險的目的正是在保障個人的財物。若個人無法負擔此項費用，則不妨待經濟穩固後再行購買，個人則可視其需要與否決定之。

PART 2. 存款篇

存錢，是理財的第一步

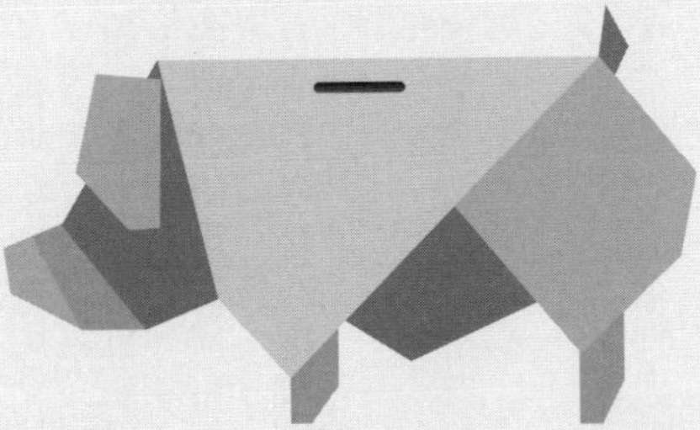

1 如何選一家優質的銀行？

銀行在我們的日常生活中扮演了極重要的角色，不論是儲蓄或平時生活中的開銷代繳，如學費、水電費、瓦斯費等，或申請信用卡、現金卡，甚至成年後購屋的貸款及種種金融性的貸款，還有一些理財的活動例如申購基金等，也都必須透過與銀行的往來而完成。換言之，銀行在我們理財的程序中占有非常重要的地位。

找一家優質的銀行

目前新銀行如雨後春筍般成立，消費者必須睜大眼謹慎選擇適合自己的銀行。一般銀行經營的項目包含了最基本的存款及放款，以及外匯和其他貸款業務，消費者在進行選擇時應充分認識銀行的財務狀況及營運的情形，切莫大意。與銀行往來時應注意下列幾點：

1. 確認合適的銀行：選擇合適的銀行，可以使你在財務上得到穩固的保障、多方面的服務，以及在存款上享有較高的利率。因此，個人在選擇銀行前除了應確定其利率高低，就連財務與經營現況亦不可忽視。

2. 保持個人信用：保持良好的個人信用是與銀行往來時極重要的籌碼。倘若個人信用不佳，與銀行往來便會產生障礙，貸款亦不容易獲得，且遭銀行拒絕的可能性很大。

3. 與銀行行員建立良好的關係：與行員建立良好的關係往往可享有許多便利。除了貸款上可以獲得融通外，行員亦極有可能建議你較好的存款方式或利率方面的優惠。

4. 保持與多家銀行同時往來：不妨將錢做不同的調度。將存款分散在不同的銀行，利息雖會降低，但卻可以分散風險。與多家銀行同時往來，可同時了解不同銀行的特色與政策，面臨問題亦可得到各種不同的建議。

5. 了解相關的金融常識：與行員洽談或聊天時增加個人的身價，同時亦不致在交談時缺乏交集。

6. 切勿奇裝異服進入銀行：奇裝異服容易引起行員的警戒，尤其進銀行前一定

存款保險標示牌

（資料來源：財政部網站）

要遵守規定，將安全帽或口罩摘下，以免造成虛驚。

怎樣存款最安全

銀行是金融機構中的要角，營運的健全性高於其他機構，和其他機構比起來安全性也更高。

至於基層金融的信用合作社和農漁會信用部雖然頗具地方親和力，但就營業水準而言，自然無法跟一般銀行比較。前幾年台灣曾發生金融擠兌事件，其中大多即發生在信用合作社。而隸屬於交通部的郵政儲金匯業局，由於並不具備一般金融機構的放款功能，因此不擔負任何風險，再加上公營的性質，故存款安全普受信任。目前，大部分銀行為了保障存戶權益，均已參加中央存款保險公司的存款保險，並發給「存款保險標示牌」。唯有選擇加入中央存保的銀行，才能保障存戶的權益。

只要你存款的銀行有參加中央存保，一旦發生問題倒閉，每戶最高將有二百萬的保障。換言之，縱使你在該銀行存有幾千萬元，也只能要回二百萬元。因此，為了存款安全起見，除了選擇有加入中央存保的銀行，最好也能將超過二百萬元的錢分散存在幾個銀行以降低風險。

善用銀行資源

台灣目前的銀行為一般性的綜合商業銀行，也就是銀行提供給客戶一次購足的需求。特別是金控公司設立後，金控公司不但把旗下金融機構的客戶管理整合，同時內部資源也都能共享。例如國泰金控旗下的國泰世華銀行、國泰人壽、國泰產險、國泰投信和國泰證券等的資源都有共享機制，一般人可以多多善用銀行資源。建議上班族千萬別只和一家銀行往來，也不要跟太多家銀行，這樣管理會不方便，原則上為一家主要銀行，兩家次要銀行。

主要銀行可設定是公司薪資轉帳戶的銀行，或是有熟識的親友服務的銀行；次要銀行可設定居家附近或是投資股票證券劃撥帳戶的銀行。

一、運用銀行存摺幫你記帳

剛出社會的社會新鮮人，因為收入有限，所以在消費支出上，就要斤斤計較，量入為出是基本的原則。有些人會運用「家計簿」來記錄花費，但有恆心的人畢竟不多，其實運用活期存摺也可達到相同的功能。

我們可以在居家附近找一家銀行，將所有支出、扣款的帳戶設定在這個帳戶，例如水電費、電話費、信用卡、各種稅款的扣款都由這些帳戶扣除，領取現金也從這本帳戶中提領，並在刷存摺後，在內頁的欄位中記錄提領的用途。

每月月初將只能花費的金額由薪資轉帳戶中匯到這個帳戶，到了月底時看看帳戶中結餘多少，如果支出大於月初的撥款金額，就表示支出過多，這個時候就要檢討哪些錢不該花，是否有浪費的現象。這種方式可以有效地控管家庭或是個人花費，減少不必要的浪費，同時有利事後追蹤和檢討。

下表為一範例，某一民眾，每月規定自己最多只能花五萬元，因此月初由薪資轉帳戶轉存五萬元。每月開支，皆由這個特定帳戶中支出，月底結束後補存摺，進行統計，就可以知道當月共支出多少，是否有超過預算的情形；如果有超過，就要檢討哪些錢不應該花，哪些

存款簿記帳法範例

日期	摘要	支出	存入	結存	備註
2012/03/06			50,000	340,000	現金存入
2012/03/09		3,000		337,000	電費扣款
2012/03/09		70,000		327,000	領現
2012/03/10		3,000		324,000	領現買菜
2012/03/15		22,000		302,000	信用卡
2012/03/17		10,000		292,000	領現
2012/03/20		15,000		277,000	電話費扣款
2012/03/27		4,500		272,000	外出旅遊
		67,500	50,000		

日期	摘要	支出	存入	結存	備註

是必要開支。下面的例子，到了月底，知道該月支出超過五萬元，仍然出外旅遊，旅遊就是不應該花的錢。另外，每月的水電、瓦斯、電話費皆由該帳戶扣款，可避免遲繳費用被罰錢的事情發生，同時可翻開上個月的資料，比較本月的費用是否有偏高，如果有就要進行檢討。

二、理財資訊的取得

現在的銀行都設有理財專員，幫客戶作理財的規畫，同時也會和同一金控體系下證券公司或是投信公司提供理財刊物、金融訊息。到銀行辦事情不要急急忙忙就離開，可以預留一些時間，向理財專員詢問相關金融理財訊息。

銀行除了平時提供相關金融資訊外，每年也會舉辦大型投資研討會。通常每年十一月分舉辦隔年的投資說明會，每年五月分舉辦當年下半年度的理財研討會。這些活動都會邀請金融理財專家蒞臨會場演講，地點都以五星級的飯店為主，時間大多是下午時段。一般投資人如果有空，可以前往會場享受悠閒的下午茶並且聆聽專家的看法，可說一舉兩得。

金控機構主要業務一覽表

金融機構	主要業務
商業銀行	1. 財富管理業務 2. 存款業務 3. 放款業務 4. 外匯業務 5. 國際金融業務 6. 國內匯兌 7. 晶片金融卡業務 8. 信用卡業務 9. 短期票券 10. 電子金融業務
綜合證券	1. 證券經紀、自營及承銷之經營與管理事項 2. 辦理有價證券買賣融資融券業務 3. 辦理期貨交易輔助業務事項 4. 提供證券發行、募集之顧問及辦理與前列各項業務有關之代理服務事項 5. 其他經主管機關核准之證券相關業務
人壽保險	1. 保單諮詢 2. 保險給付 3. 保單貸款 4. 保單變更 5. 保戶申訴

三、選擇理財和融資工具

和銀行往來不外乎是存款、貸款和理財三大業務。理財方面，銀行提供的以基金為主，當然也會搭配一些簡易的壽險和外幣業務。貸款方面，通常是長期購屋貸款、不動產抵押借款等。每家銀行有其優勢和強項，投資人如果需要這類服務，要多比較幾家銀行開出的條件。現在銀行業務競爭激烈，千萬別嫌麻煩便宜行事，畢竟通常貨比三家不吃虧。

2 存款是理財的第一步

與銀行往來的第一步通常是開立個人存款戶頭。一般常見的存款種類包括：活期存款、活期儲蓄存款、定期存款、定期儲蓄存款、支票存款及綜合存款。活期存款以公司、法人為對象；定期儲蓄存款與活期儲蓄存款以獎勵個人儲蓄為主；至於綜合存款就像一個工具箱，可同時滿足活儲及定存兩種需求。

一般人都有存款的經驗，存款最主要的目的是以備不時之需。除此之外還具有累積財富、完成人生階段目標等功能。

第一步先辦妥開戶手續

銀行開戶須由本人攜帶身分證和附有照片的雙證件，例如健保卡、駕照等親自辦理；未成年則須由其法定代理人，如父母等出具同意書陪同辦理；機關、學校、團體及公司等法人組織則須出具相關證件及印鑑卡，由負責人親自辦理。

開戶時可以用印章或簽名作為取款印鑑。使用印章的優點為可委託他人辦理取款，因銀行認章不認人；缺點為萬一遺失的話容易遭到冒領，一旦印章樣式外流，亦有遭偽刻之風險。至於簽名則須由本人親筆寫下，無法假手他人，部分銀行更規定以簽名為取款根據，必要時亦得要求出示本人身分證件。

一個存款戶，銀行通常會附加其他各種額外的服務，例如金融卡取款、存款、轉帳、電子銀行服務、代繳各項費用等。為規範上述各項服務，銀行多備有各式各樣的合約書，以釐清客戶與銀行間的權利與義務。因此，為保障你的權益，在簽署各項合約書前不妨多花一點時間仔細閱讀，或請服務人員重點說明各項相關規範。

一般人初到銀行，大多開立活期儲蓄存款帳戶。銀行為便利客戶日後取款，亦會主動詢問客戶是否申請金融提款卡或信用卡。使用金融卡，可在該銀行或其他銀行的自動櫃員機提款，較不受銀行營業時間所限制。有時候，銀行提供的金融提款卡會結合現金卡或信用卡功能，開戶時銀行行員會詢問是否有需要附加功能，民眾可依據個人需要決定，不要因為不好意思拒絕，而附加不需要的功能。

為避免金融卡被冒用，建議你收到密碼函後，立刻利用自動櫃員機變更為自己容易記得的密碼，並銷毀密碼函。除了提款卡的密碼，有些銀行會要求客戶在開戶時，填寫臨櫃提款六位數以上密碼，將來民眾到銀行提領現金，就必須在取款條寫上密碼或在櫃檯上的密碼機輸入密碼。金融卡除具有在國內提款的功用，有些還可以在國外提領現金，民眾可以在開戶時問清楚。

活期儲蓄存款的權利義務

活期存款的相關規定，各銀行皆摘要登錄在存摺上，只要存戶啟用往來，即視為認同所有約定條款。因此，存戶除了要仔細閱讀存摺內約定條款外，更應注意幾項不公平約定，如存摺登錄餘額若與銀行紀錄不符，則以銀行登錄為準即為其中之一。事實上，即使是銀行的紀錄，亦不能保證沒有電腦或人工失誤的可能性，因此以雙方認可的定期對帳單為準較合理。

至於存款保全責任歸屬問題，若存戶同時遺失存摺與印鑑而遭盜領，便無法向銀行求償；若遺失存摺卻被仿刻印鑑冒領，則銀行未盡把關責任，必須賠償。

只要在銀行開設活期存款或綜合存款戶頭，銀行就應出具存摺給開戶人，作為日後往來帳戶資料登錄的憑據。為了便於通提，銀行通常允許客戶在開戶時申請通提印鑑登錄於存摺上。大多數銀行會要求客戶於申請通提印鑑時一併登錄通提密碼，客戶在其他分行提款時須填寫於提款憑條上，連同通提印鑑交由櫃檯人員一併核對，以防存款遭到冒領。

由於現在銀行都有客戶管理和資源共享系統，在同一金控體系下，客戶資料有可能共用。銀行開戶時會讓客戶勾選，是否可將個人資料，提供給同一金控下的壽險或投信公司使用。民眾如果覺得有困擾，可以直接拒絕，不用礙於人情而答應。

銀行帳戶若不用最好關閉

個人理財可以從小處開源節流。銀行業者通常建議民眾維持適當帳戶數目，不常用的戶頭就「關戶」，以避免造成不計息的靜止戶。如果已經是靜止戶，要再一次使用，可以辦理「重新啟用」手續後，就可以讓戶頭再使用。

每個人可能都有許多個帳戶，擁有合適的帳戶數目可以達到靈活調度資金的功能，但帳戶數目過多又容易遺忘。如果戶頭的錢少到用金融卡都領不出來，又懶得去銀行「關戶」，則只要一年沒有往來就會變成不計息的「靜止戶」。

目前各家新銀行皆規定，一年以上沒有往來，並且存款金額低於起息點的戶頭為靜止戶。也就是如果活存金額少於五百元、活儲金額少於一百元且一年以上沒有任何往來，就列入靜止戶。民眾最好養成管理帳戶的習慣，也就是不用的帳戶應及早結清，如此不僅可以充分掌握自己的資金狀況，且在單一戶頭擁有較高金額的存款，也可以增加自己的信用條件，在與銀行洽談貸款利率、成數，或是要求一些相關優惠時就有較多的談判籌碼。

一旦戶頭變成靜止戶，則銀行只是不計息，但電腦檔案資料、印鑑卡和存款都不會消失，並由銀行代為保管。戶頭在被列入靜止戶後，只要出示原留印鑑或身分證就可以重新啟用。即使是銀行遷址、合併或改制，都會有控管的新分行代辦相關業務，但以十五年為限。

3 定期存款是最穩當的存錢法

定期存款既是一般民眾常用的方式之一，也是最穩當的存錢方式。由於錢放在活期存款中利息較低，而跟會則風險較高，買股票又怕被套牢，因此，保守型的投資人多半會以定期存款來處理手邊的閒錢。尤其是上了年紀的人，更應有筆定期存款在身邊以備不時之需。

雖然定期存款是簡單的理財方式，但想要將定期存款的理財功能發揮得淋漓盡致，就得先仔細研究一番。

定存的種類有兩種

基本上，定期存款可分為定期存款與定期儲蓄存款兩種。

定期儲蓄存款是提供自然人，也就是一般民眾存款所用，存款期限分為一年、兩年和三年三種。定期存款則是以公司行號或自然人存款為主，存款期限可分為一個月至三年不等。也就是定期儲蓄存款的期限都是一年以上，定期存款的期限從一個月到三年都有。

一般而言，定期儲蓄存款的利率比定期存款高；因此，一般民眾若要存款，一年期以下者不妨選擇定期存款，一年期以上則應選擇定期儲蓄存款。

以付息及存款方式區分，又可分為：存本取息、整存整付和零存整付三種。

兩種定期存款的比較

	定期存款	定期儲蓄存款
對象	公司行號或自然人	自然人（一般民眾）
存款期限	一個月至三年不等	一年、兩年和三年
存款利率	較低	較高
建議使用時機	存款一年期以下	存款一年期以上

一、存本取息

將本金存入帳戶，每月定時領取利息，故本金不變，以單利計算，到期時領取本金加最後一次的利息。

例如存款人存入台幣十萬元，年息百分之二，為期一年，採用存本取息方式，所以期初存款人存入台幣十萬元，每月領取利息一百六十七元。

存本取息的計算方法

100,000×2%÷12＝166.7（四捨五入167元）→每月拿回的利息

第12個月可拿回100,000+100,000×2%＝102,000元。

二、整存整付

是本金存入帳戶後即不再加入新本金，而每月利息皆會按時滾入本金，成為次月本金的一部分。例如第一個月的本金加利息，即是第二個月的本金，第二個月的本金加利息，即是第三個月的本金，以此類推，這就是月複利的概念。

例如存款人存入台幣十萬元，年息百分之二，為期一年，採用整存整付的方式，所以期初存款人存入台幣十萬元，十二個月到期，領取本金和全部的利息。

整存整付的計算方法

100,000×2%÷12＝166.7（四捨五入167元）→第1個月的利息

100,167×2%÷12＝166.9（四捨五入167元）→第2個月的利息

100,334×2%÷12＝167.2（四捨五入167元）→第3個月的利息

……

101,849×2%÷12＝169.7（四捨五入170元）→第12個月的利息

第12個月可拿回101849+170=102,019元

三、零存整付

是指每個月存入固定金額的本金，因此第二個月的本金總額，應包括第一個月原來的本金加利息，再加上第二個月新存入的本金，以此類推。

零存整付的觀念與民間標會相似，雖然利息較低，但是風險較少。有些銀行甚至可辦理自動扣繳業務，每個月自動將款項轉入定存單中，可說相當方便。

例如存款人向銀行辦理零存整付業務，約定每月存入一萬元，年息百分之二，期間一年，到期本息一起領回。因此投資人就必須每月存入一萬元，在這一年期間，存款戶陸續共存入十二萬元，一年到期存款人可領回十二萬元加計期間的利息。

零存整付的計算方法

10,000×2%÷12＝16.7（四捨五入17元）→第1個月的利息

20,017×2%÷12＝33.4（四捨五入33元）→第2個月的利息

30,050×2%÷12＝50→第三個月的利息

……

111,106×2%÷12＝185.1（四捨五入185元）→第12個月的利息

第12個月可拿回111,106+185+10000＝121,291

固定利率與機動利率的差異

銀行一般都會懸掛顯示該行各種存款利率及基本放款利率的利率表，此利率表即為該行庫對外公告的牌告利率，主要目的是作為該行計算各種存放款利息的參考。該利率表一般會按存款種類、定存及定儲的存款天期，及選擇固定利率或機動利率予以細分。

一般說來，只有定期存款及定期儲蓄存款有固定利率與機動利率之分，其餘的存款及放款均採取機動利率。固定利率以當初存入時的利率計息，故當預期利率會上升時，以選擇機動利率較有利；反之當預期利率會下跌時，則以固定利率較有利。

在銀行的立場也會去預期未來利率的走勢，當銀行預期利率會下跌，銀行在掛牌時，機動利率會高於固定利率，吸引存款戶存機動利率；銀行預期利率會上漲，銀行在掛牌時，固定利率會高於機動利率，吸引存款戶存固定利率。

在決定把錢存入銀行前，不僅要先比較各銀行的牌告利率，且應詳細詢問計息、付息方式，再依據資金所欲存放的時間，慎選最有利可圖的存款方式。

銀行存款利率表

類別	機動利率	固定利率
	年息%	年息%
支票存款	不計息	不計息
活期存款	0.008	-
活期儲蓄存款	0.200	-
定期存款一個月	0.600	0.600
定期存款三個月	0.660	0.630
定期存款六個月	0.835	0.795
定期存款九個月	0.950	0.910
定期存款一年期	1.065	1.035
定期存款二年期	1.090	1.040
定期存款三年期	1.115	1.065
定期儲蓄存款一年期	1.090	1.070
定期儲蓄存款二年期	1.115	1.075
定期儲蓄存款三年期	1.165	1.115
大額定期存款一個月	0.110	0.110
大額定期存款三個月	0.140	0.130
大額定期存款六個月	0.170	0.160
大額定期存款九個月	0.200	0.190
大額定期存款一年期	0.240	0.230
大額定期存款二年期	0.260	0.250
大額定期存款三年期	0.290	0.280
大額定期儲蓄存款一年期	0.240	0.230
大額定期儲蓄存款二年期	0.260	0.250
大額定期儲蓄存款三年期	0.290	0.280
薪資轉帳活期儲蓄存款	0.250	-
證券戶活期存款	-	-
證券戶活期儲蓄存款	0.030	-

2020/02/05台灣銀行牌告利率（實際利率以當時公告為準）

定期存款要注意糾紛

銀行定期存款中最易發生糾紛的部分，首推中途解約及逾期計息。定存解約須於七天前提出，解約後其存款利息則以實際存滿期間，依存入當時牌告利率單利八折計算，但期別認定只有一、三、六、九、十二與二十四個月。換言之，存滿五個月的金額只能依存入當時三個月期牌告利率單利八折計算，如此存戶損失不少。

在逾期計息部分，如果存戶於開戶時辦理「到期自動轉期續存」便可高枕無憂，也就是到期後，銀行將依據原先條件再展期續存。若沒辦理「到期自動轉期續存」，在到期後一個月內辦理續存，則尚能自原到期日依牌告利率開始計息；但若到期後超過一個月才辦理續存，只得自續存日依牌告利率起息。另須注意的是，定期存款若逾期提領，則其逾期利息得依提領日活期存款牌告利率按日單利計息。

除此之外，把錢存在銀行可別忘了課稅問題。除了郵局活儲存款餘額一百萬元和定期存款五千元以下免稅優惠外，每一申報戶每年可擁有二十七萬元的「儲蓄投資特別扣除額」。如果今年利息所得超過二十七萬，建議你不妨以調節利息所得發生年度的方式，將部分定存的到期日或配息日調到明年。如此，這部分的利息自可計入明年的利息所得。

在銀行單次支付利息若超過二萬元，銀行會先預扣百分之十的所得稅。有些存款戶不願意被預扣所得稅，會將存款單拆成多筆存入銀行，就可避免此一情形發生。

免預扣所得稅之方式

例如某一存款戶存入一年期，利率1.5%，金額200萬元的整存整付，到期時可得到利息3萬元。

2,000,000×1.5%＝30,000元

因為利息超過2萬元，會被預扣所得稅，此時只要將200萬元拆成兩筆定存單，就能避免被預扣所得稅的情形。

4 存外幣會比較划得來嗎？

外匯管制放寬後，外幣存款不再侷限於商務需求，個人也可以辦理。個人辦理外幣存款帳戶的手續相當簡便，只須準備身分證、印章，到外匯指定銀行填寫開戶申請書，決定幣別與帳戶的種類，議定外幣匯率繳交等值台幣即可。

銀行提供的外幣幣別有十幾種之多，常見的有美元、歐元、日圓、英鎊、加拿大幣和澳幣等帳戶，而基本的存款種類有活期存款與定期存款兩種。

外幣存款是所有外匯投資工具中，對客戶最便利的投資工具。只要是外匯指定銀行，以及可以辦理外匯業務的銀行分行，都可以讓投資者開立外幣存款帳戶。

外幣定期存款和台幣定期存款一樣

外幣定期存款和台幣定期存款其實沒有什麼兩樣，都是客戶把一筆錢存入銀

➡ 外幣存款最低開戶金額

	活期存款	定期存款 七天期以上期別
美金	100元	1,000元
英鎊	100元	1,000元
歐元	100元	1,000元
新加坡幣	100元	1,000元
澳幣	100元	1,000元
紐幣	100元	1,000元
加幣	100元	1,000元
瑞士法郎	100元	1,000元
港幣	1,000元	1,000元
瑞典幣	1,000元	10,000元
南非幣	1,000元	10,000元
日圓	15,000元	150,000元

（實際金額以當時公告為準）

行，並且和銀行事先約定幾個月之後領回；銀行便同意以一定的利率支付利息給客戶，作為客戶把錢存在銀行的報酬。

而且銀行會在客戶把錢存入銀行的同時，交一張憑證給客戶（對外幣存款而言，通常是一張定存單），以作為未來歸還本利時的憑證，因此除了存款標的是外幣之外，其他原理和台幣存款幾乎一模一樣。

資金的多寡，是限制外匯投資的門檻，以往要從事外匯投資，只有外幣存款一途，而大部分的銀行在吸收外幣存款時，都會設有最低額限制，而且大部分最小金額都設在一千元美金以上。

外幣存款的收益

外幣存款的損益來自兩方面：一是存款利息收入，一是外幣對本國幣匯兌的差價。利息收益必為正數，但是匯兌差價有正有負，所以應選擇有升值潛力與利率較高的外幣作為存款標的。

以美元存款來說，當美元升值時，美元存款可以換回更多的台幣，即美元存款

⇨ 外匯存款利率一覽表

幣別	活期存款	定期存款				
		一個月期	三個月期	六個月期	九個月期	十二個月期
美金 USD	0.33%	0.8%	1.15%	1.3%	1.4%	1.55%
英鎊 GBP	0.05%	0.15%	0.2%	0.25%	0.25%	0.3%
港幣 HKD	0.05%	0.2%	0.3%	0.4%	0.45%	0.55%
瑞士法朗 CHF	0.001%	0.001%	0.001%	0.001%	0.001%	0.001%
澳幣 AUD	0.05%	0.8%	0.85%	1%	1%	1.05%
日圓 JPY	0.001%	0.001%	0.001%	0.001%	0.001%	0.002%
加拿大幣 CAD	0.15%	0.5%	0.6%	0.7%	0.85%	0.9%
紐西蘭幣 NZD	0.1%	0.95%	1%	1.1%	1.1%	1.15%
新加坡幣 SGD	0.05%	0.1%	0.15%	0.2%	0.3%	0.3%
歐元 EUR	0.001%	0.001%	0.001%	0.001%	0.001%	0.002%

單位：年利率％　　2020/02/05（實際利率以當時公告為準）

投資人有匯兌利得；反之，當美元貶值時，能換回的台幣減少，即投資人受到匯兌虧損。

利率較高的幣別也是值得考量的，例如二〇〇七年南非幣的利率高達百分之八、阿根廷幣的利率也高達百分之九；二〇〇八年澳幣利率為百分之五，比美元高出許多。必須注意的是，匯兌的風險比利率來得大，在考慮高利率的幣別時，應評估其匯率走向，免得賺了利差，賠了匯率的差價。

運用外幣存款作幣別轉換，賺取匯兌價差及利率價差，已成為時下熱門的投資管道。銀行有提供外幣綜合存款業務，也就是所謂「外匯幣別轉換」業務。即銀行提供可供選擇的外幣，大約在五到十種外幣，客戶僅需要開立一個外幣綜合存款帳戶，就可以買賣不同的外幣。該類帳戶允許客戶在不同幣別中買賣，但台幣除外，如果客戶要轉成台幣或由台幣轉入，須搭配台幣帳戶。

外幣綜合存款的優點是客戶以台幣或外幣存入，伺機轉換成可獲取最佳利得的他種貨幣，除了享有活期存款隨時提領的方便和利息收入外，又可獲得外幣隨時變換的彈性和匯差收益。轉換的方法相當方便，客戶可親自到銀行辦理，或在交易時間內透過網路銀行、電話辦理。

外幣匯率表

幣別	現金買匯	現金賣匯	即期買匯	即期賣匯
美金 USD	29.595	30.265	29.945	30.045
港幣 HKD	3.707	3.911	3.833	3.893
英鎊 GBP	37.76	39.88	38.76	39.18
日圓 JPY	0.2638	0.2766	0.2711	0.2751
澳幣 AUD	19.87	20.65	20.14	20.37
加拿大幣 CAD	22.08	22.99	22.47	22.69
新加坡幣 SGD	21.09	22	21.58	21.76
南非幣 ZAR	---	---	1.994	2.074
瑞典幣 SEK	2.74	3.26	3.08	3.18
瑞士法郎 CHF	29.99	31.19	30.65	30.94
泰幣 THB	0.8427	1.0307	0.9513	0.9913
紐西蘭幣 NZD	18.94	19.79	19.32	19.52
歐元 EUR	32.18	33.52	32.8	33.2

2020/02/06（實際利率以當時公告為準）

外幣存款是投資風險最小的

由於沒有擴張信用，外幣存款是所有外匯投資工具中投資風險最小的，比較適合保守穩健型的投資人。國內所有的外匯指定銀行，不管是本國銀行或外商銀行，都可以提供外幣存款的服務，外商銀行所能從事外幣存款的幣別種類較少，本國銀行所能從事外幣存款的幣別種類較多。

外幣存款雖然是所有外匯投資工具中最簡單、最容易入門的一種，但是仍有一些細節攸關本身權益，絕對不能輕忽。近來受新銀行加入競爭的影響，外幣存款的匯率已經越來越有議價的空間，以往那種一律用牌告匯率的情形會越來越少。一般來說，客戶買賣外幣存款時，都可以向銀行要求議價，也就是說比銀行掛牌匯率更好的價格，每家銀行的牌告匯率都不一樣，各家銀行議價空間也不大相同，所以，只有以貨比三家的方式，來找到價格最合適的銀行。至於最好的價錢是多少呢？其實就是銀行給該銀行員工的優惠價格，如果你能要到這樣的價格就算很好了。

例如銀行掛出美金即期買賣價格為：即期賣出價三十三．一二，即期買進價三十三．〇二。當客戶向銀行買美金如果能減〇．〇三，也就是三十三．〇九；當客戶向銀行賣美金如果能加〇．〇三，也就是三十三．〇五，就算不錯的價錢了。銀行的牌告匯率是以當時的銀行間匯率為基礎，加減銀行的成本和利潤而來，因此當銀行間匯率改變時，銀行會調整掛牌匯率。

至於外匯定期存款中途解約及逾期處理，一般來說也是比照新台幣存款辦理中途解約利息打八折計算。例如存滿一個月但未滿三個月者依其存款期間的一個月存款利率八折計算。不過近來各銀行為爭取客戶，有的定出利息不打折的做法。

外匯指定銀行得接受客戶以外匯存款定存單質押，承做新台幣授信業務及質借外幣，但以新台幣授信客戶本人的外匯定存單為限。外匯存款質借額度與新台幣定存單質借差不多，一般可質借九成，即存有一百美元定存需要用時可質借出九十美元。國內推出該項業務的銀行包括兆豐商銀、中國信託銀行和花旗銀行，貸款利率通常是定存單上所載金額為外幣，為便利借款人使用撥款時以當日掛牌匯率為準，將質借金額換算為台幣再撥入客戶的台幣帳戶中。

外幣存款的操作策略

外匯存款基本上與台幣存款相似，只是存款戶要多考量外幣匯率的走勢。以民國一〇一年三月，外匯銀行的澳幣及新台幣存款利率比較，澳幣的定期存款利率約在百分之四．一，高於新台幣定期存款利率百分之一．四。

在定期存款方面，澳幣顯然比台幣有更高的利息收入，因此可考慮將台幣存款改成澳幣存款，賺取較高的利息收入，但仍須注意澳幣匯率的走勢，以免賺了利差賠了匯差。操作外幣存款前，應多向不同的外匯銀行洽詢利率與匯率。

由於匯率經常有所變動，投資人必須時常注意貨幣的走勢，依匯率波動進行轉換。投資人可以投資低利息的貨幣如美元，賺取匯差收益；再搭配投資一部分高定存利率的貨幣例如澳幣、紐西蘭幣和南非幣等，來賺取利息收益。

二〇〇二年起中國經濟快速崛起，人民幣隨著外資進入中國和人民幣的匯率改革而快速升值，當時人民幣是世界超強貨幣。到了二〇〇五年兩種系列貨幣維持強勢：一是新興市場貨幣，另一種則是商品貨幣。

其中，新興市場貨幣包含了巴西、印度與人民幣等；而商品貨幣則是生產金屬、能源及原物料相關商品的國家貨幣，其中又以原物料產地巴西、紐西蘭、澳洲，生產能源的加拿大與擁有豐富礦產的南非為主。此時投資人的外幣組合，要以這兩種系列貨幣為主。

二〇〇七年下半年美國發生金融風暴，美元開始走貶，投資人就要賣出美元，避免匯率的損失。到了二〇〇八年下半年全球央行開始降息來救經濟，日圓因為利率過低，無法再調降，形成全球最強勢的貨幣。二〇一一年初歐債危機發生，歐元開始重挫，全球資金往美元和瑞士法郎靠攏，造成美元和瑞士法郎價格上漲。二〇一二年中美貿易磨擦擴大，美國在國際上要求人民幣升值，人民幣在國際熱錢的推波下，匯價率創新高。所以說，投資外幣，要隨時掌握國際之間的金融情勢，洞悉各國的財經情勢。

外幣存款投資人，千萬別將外幣操作當成是股票一樣來短線買賣。假使想賺取貨幣買賣的價差，必須長線持有，至少半年、一年以上為佳。選擇利率方面也要特別小心，假使注意到該國利率可能調降，就要選擇固定利率的方式投資，避免可能的損失。

一、何謂雙元貨幣存款

雙元貨幣存款（Dual Currency Deposit，簡稱 DCD）亦稱為外幣加值存款（Premium Currency Deposit，簡稱 PCD）。是指存款人將一筆外幣存入銀行，與銀行約定履約匯率，由銀行給予較一般定存利率高的利率，但到期時銀行可根據匯率走勢，選擇貶值的貨幣給存款人。例如投資人到花旗銀行存「澳幣對美元——雙元貨幣存款」，一般來講澳幣的利率為百分之三，該雙元貨幣存款的利率高達百分之六。到期時，如果美金貶值，花旗銀行就將澳幣換算成美元給存款人；如果澳幣貶值，花旗銀行就直接將澳幣給存款人。

舉另外一個例子，「歐元兌美元的雙元貨幣存款」，到期時美元升值，歐元貶值，歐元為弱勢幣，存款人就被銀行強制以歐元計算總報酬所得；相反的，到期時若美元貶值，歐元升值，美元為弱勢幣，存款人就被銀行強制以美元計算總報酬所得。

雙元貨幣存款名為定存，但根本就不是定存，而是零息債券加上一個外幣選擇權的組合[2]，屬於短期連動債券[3]的一種。因為比一般行情好的利率，其實就是賣出選擇權的權利金收入。民眾如果遇到銀行、券商或保險公司的業務人員推銷不熟悉的金融商品，最好保持警覺，因為投資人可能一不小心就買到連動債券，尤其連動債券的名稱五花八門，比較適合對投資風險較熟悉的機構法人。

雙元貨幣存款的結構是投資人向銀行存一個外幣定期存款，並加上一個賣出匯率選擇權，存款戶賣出選擇權會有權利金收入；因此銀行必須將權利金折算成加值利率付給存款人，存款人存入該筆定存時，享有高利率收入，但也面臨匯率波動風險。

雙元貨幣存款到期收益將可獲得比傳統定期存款更高之利率，但這邊需要特別注意，風險是投資人之本金在產品到期時，有可能會用比當時較差的匯率被轉換成另一個幣別，這另一個幣別是可以在當初承做時就選定好的，所以這種商品是屬於保息不保本的產品。因為如果期末拿到的幣別貶值過大，貶值的損失大過於多拿的利息，就會侵蝕掉本金。

投資雙元貨幣存款也不用擔心投資門檻太高。隨著民眾對外幣逐漸熟悉，加上各銀行彼此競爭，已從過去一萬美元（約新台幣三十萬元）降至五千美元。甚至有銀行評估門檻會再降到一千美元。或許不久之後，民眾就能以更低的門檻參與投資，讓外幣帳戶資金配置更靈活。

二、雙元貨幣存款的操作

在外幣投資方面，民眾不光可以利用外幣定期存款來增加財富，近年來各家銀行推出的雙元貨幣存款商品，也是投資人在外幣投資時可以考慮的標的。

雙元貨幣存款大抵有兩個特色：「期限短」、「年平均報酬率大於一般定存」。目前雙元貨幣存款相當普遍，「歐元兌美元、澳幣兌美元、紐西蘭幣兌美元、美元兌日圓」是雙元貨幣存款最普遍的類型。外幣投資客可以選擇適當時點向

2 外匯選擇權是指以外匯為標的之衍生性金融商品。買方有權利依事先約定的價格在某一特定日期（European Style）或特定期間（American Style）買入或賣出一指定金額之貨幣；相對的，賣方則必須承擔一個在合約規定日期，依約定價格，應買方的要求，賣出一特定金額之貨幣的義務。買方為獲得此權利，必須支付給賣方的金額稱為權利金，此即選擇權之價格。

3 所謂連動債券，正式名稱為結構債券（Structured Notes）。簡單地說，就是投資本金用來購買債券等固定收益商品，以保證一定程度的本金，但其利息則用來投資連結利率、匯率、選擇權或股價指數等衍生性金融商品，隨著連結標的漲跌，增加獲利機會。

⇨ 雙元貨幣存款的計息方式

假定某一存戶在美商銀行開設歐元兌美元的雙元定存，歐元只要存一個月，便有年息9%，比一般定存利率3.5%來得高。

假設該投資人存進1萬歐元，一個月後，利息所得為75歐元，連本帶利有10,075歐元。

$$10,000 \times 9\% \div 12 = 75$$

$$10,000 + 75 = 10,075$$

各銀行外幣櫃檯購買雙元貨幣存款，同時詢問相關的投資報酬率與風險。

若歐元目前可兌換一．四一美元，一個月後歐元匯率在一．四一美元以下，表示歐元貶值，歐元為弱勢幣，則銀行會將本息以歐元還給投資人。若到時歐元匯率升到一．四一美元以上，表示美元貶值，美元為弱勢幣。由於銀行有權選擇弱勢貨幣付給存戶，則銀行會以一歐元等於一．四一美元匯率，將本息換成美元給投資人。

由此例子得知，這種「加值利率型外幣存款」是以高利率收入來面對匯率風險。在匯率波動過大時，存戶將承受匯率損失；在匯率小幅波動、或走平時，存戶將享受高利率收入。

三、雙元貨幣存款的優點

1. 雙元貨幣存款利率比牌告定存利率高。
2. 結構簡單，只要關心兩個幣別間的匯率。
3. 投資門檻低，只需約美元五千元就可以操作。
4. 投資天期不長，通常一到兩個月。

雙元貨幣存款的匯兌風險

假設到期時，歐元走升至1.46美元時，銀行會將10,075歐元換算成美元（還是以原來買進時的匯率1.41計算），該投資人可拿到14,205.75美元。

10,075×1.41=14,205.75

乍看並不知道是賺或是賠，但若以1.46美元換算回去，則約為9729.9歐元。

14,205.75÷1.46＝9729.9

相較於本金，某甲不僅沒賺到利息，還因匯兌風險而虧損270.1歐元。

10,000－9,729.9＝270.1

5.無須另外支付手續費和管理費用。

四、雙元貨幣存款風險

投資雙元貨幣存款，雖然能享有短天期的高報酬，但投資人必須具備基本外匯趨勢判斷，即便各銀行推出的每一組外幣組合商品已做過評估，但若投資人完全不懂外幣匯率走勢，還是不要貪圖高報酬而投資。否則面臨幣別轉換的匯兌損失，是無法向銀行要求補償的。

若投資人不幸遇到投資的外幣被迫轉換成另一種幣別，雖然要面臨匯率損失，但不用急著再轉回原來的幣別，可等待較好時機，再進行下一波投資。

雙元貨幣存款雖名為存款，但並不具有保本的特性，因為產品到期時，有可能轉換成另一種相對弱勢貨幣，所以最適合在資金面上有其他幣別需求的投資人。

存雙元貨幣存款的原則，並非是預期匯率變化而存款，而是存款人有兩個幣別的需求。例如某一貿易商，有從日本和美國進口商品，因此有日幣和美元需求，承做「美元／日圓雙元貨幣存款」就很適合。有些人辦理移民或送小孩到澳洲、加拿大念書，則有澳幣或加拿大幣的需求，他們就適合承做「澳幣／美元雙元貨幣存款」或是「美元／加幣雙元貨幣存款」。一旦投資人的本金到期被轉換成澳幣或加拿大幣，因為他本來就有此需要，通常也就不以為意。

5 用支票怎麼存款？

個人支票存款如果運用得宜，是相當不錯的理財工具。在日常生活中，安全、方便、成本低都是使用支票的好處；但若不注意相關規定，則很容易造成財務損失。因此，使用支票時須格外小心謹慎。

例如，購買房子、汽車、家具、家電時如果付現金，則常須負擔「貨物出門概不退款」的風險。支票則有緩衝作用，一旦成交後發現貨品不盡如意，還可用止付的方式作為談判的條件。

支票大致可分為即期支票與遠期支票兩種。所謂即期支票，是在收票日當天即可至銀行兌現或存入帳戶的支票；而遠期支票則必須等到開票日期方可兌現或存入的支票。如果手中擁有遠期支票但臨時急需週轉時，可拿到銀行以擔保品申請無擔保貸款，但利息比有擔保貸款稍高，可貸額度約八成左右。

開立遠期支票時，支票便變成一種信用工具或一種借據。由於不須馬上兌現，故開票人只要在到期日將支票款存入支票帳戶，供持票人領現即可。此外，兩地之間需要匯款時，寄張支票要比到郵局買匯票或寄現金來得省時省力。

如何申請支票存款

由於支票存款具有擴張個人信用的特性，因此銀行在審核支票開戶時較一般帳戶來得嚴格。

申請支票帳戶的資格及所需資料如下：

1. 年滿二十歲以上，七十歲以下。
2. 無拒絕往來紀錄，且最近一年內無退票紀錄。
3. 個人戶應備妥身分證正本、印章。
4. 公司戶應備妥營利事業登記證、經濟部執照、負責人身分證、公司及負責人印章。

申請人向銀行申請支票帳戶後，銀行會彙整資料並做徵信調查。審核後若符合條件，銀行會通知申請人前來領取支票本，並要求存戶在支票帳戶中存入一筆款項。

支票除了公司及個人支票外，尚有台支、合支，銀行本行支票和國庫支票。「台支」常被稱為鐵票，是銀行同業在台灣銀行存款，由台灣銀行作為付款人的支票；至於「合支」就是信用合作社在合作金庫存款，由合作金庫為付款人的支票。一般民眾若不相信對方的信用，不願意收取對方的支票時，可要求對方開立台支或合支來確保自己的債權。

銀行本行支票，是支票的發票人和付款人都是銀行本身，除非銀行倒閉，否則一定能兌現。如果你沒有用支票的習慣或無支票存款帳戶，當須支付大額款項而不方便攜帶現金時，便可至往來銀行填取提款條，申請銀行本行支票。

國庫支票是政府機構為了支付非平常性質，而且是大額預算支出，像工程款、退稅時所開出的支票，一般人較不易看到，並且通常禁止背書轉讓。

支票帳戶注意事項

一張有效支票必須載明下列各項要件，且缺一不可：「支票」二字、發票日期、大小寫金額、付款人、付款地、發票人簽章和「無條件付款委託」字樣。

1. **禁止背書轉讓：** 支票上若有禁止背書轉讓的字樣，則代表只有「憑票支付」一欄所指定的人有權領錢。換句話說，這張支票對於第三者而言形同廢紙，除非請發票人本人塗銷並蓋原留印章才能兌現。至於可背書轉讓的支票則必須由指定受票人背書，轉讓才生效。如果已轉讓好幾回，則必須注意背書是否連續，否則將面臨退票的命運。

2. **平行線支票：** 平行線支票亦稱劃線支票，任何人皆可在支票上面畫上兩道平行線，習慣上是畫在左上角。支票畫上平行線之後，領款人即無法至銀行櫃檯直接提現，必須先存入帳戶，經由交換或轉帳後才能提領票款。

3. **發票日期：** 發票日期為發票人發票的日期。受款人如果發現支票上填寫的發票日期距今已超過一年，最好別收此張支票，因為超過發票日期一年以上的支票付款人（銀行）可以不付款；換句話說，一張支票的提款期限為一年。

支票範例圖

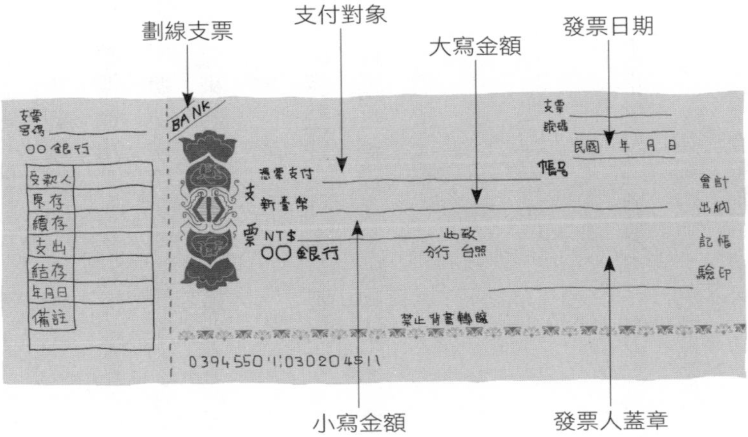

4. 發票人簽章：發票人簽章樣式，必須與發票人當初開立支票戶頭時所用的印鑑樣式相符。至於簽章部分，個人最好以簽名為主。如此雖然銀行在核對時較麻煩，但簽名較不易被模仿，也沒有遺失的顧慮，而且民法中亦以簽名為主，印章只是代替簽名。

5. 支票金額大小寫：收到支票後應注意支票上的金額是否正確，最好不要塗改。若遇到大小寫金額不同或不相符時，則以大寫所載為主。受款人若至票面上付款人所示之分行則可以即時兌現；若至其他分行，則需一個營業日才可以把錢轉入收票人在該銀行的帳戶。若至跨縣市的其他銀行兌現，則需要三個營業日才會把錢轉入收票人的帳戶。

6.查詢票據信用：為了避免收到一張無法兌現的支票，收票人可以透過發票銀行或各縣市票據交換所的票據信用查詢系統，申請辦理查詢開票人是否曾有退票或被銀行拒絕往來的紀錄，以及是否在最近兩年內曾因偽報票據遺失經判刑確定等紀錄。

7.支票的完整性：外表有破損的支票不要收，尤其是破損已影響票面記載內容的支票。銀行通常會以支票破碎法定要項不全為理由退票。因此，為了避免麻煩，票據的外觀一定要完整。

支票遺失的處理方式

支票掛失止付對「發票人」的影響不大，因為他本來就該付那筆金額，主要受影響的是執票人。如果執票人急需使用該支票上之資金，除非有人拾獲送回，自可撤回止付，並向付款行提示請求付款，否則即使是經過掛失止付通知、公示催告、除權判決，還得經過至少九個月的時間才能領取該票款。

一般而言，支票遺失的處理步驟如下：

1. **先通知付款行：**應趕快以電話向付款銀行通知止付，同時親自到該銀行辦理止付通知手續。

2. **辦理公示催告：**向銀行辦理止付手續後，銀行會提供「遺失支票申請書」和「終止付款申請書」的存根聯，遺失者應於五日內拿上項存根聯，向該付款銀行的管轄法院具狀聲請「公示催告」後，取得法院開立的聲請狀副本，送交銀行，以完成止付程序。

3. **登報：**於接到法院寄來的「民事裁定」後應立即將該裁定全文刊登於報紙，刊登報紙內容有支票號碼、金額、發票日期、付款銀行等資料。留存一份報紙，在聲請除權判決時呈報法院。

4. **聲請「除權判決」：**此張支票於公示催告之公告後六個月內，如果沒有人向法院申報權利，權利人尚需在六個月期滿後三個月內向法院申請除權判決。並於取得除權判決後，攜帶除權判決書向付款行提示以領取該支票上之金額或解除擔保品之擔保。

5. **到法院說明：**法院定期日開庭，聲請人到庭說明相關票據資料。

6. **辦理領款手續：**收到法院寄來除權判決書後，即可至銀行辦理領款手續。

6 標會是老一輩人的存錢法？

標會本身的性質就是儲蓄，加上還有所謂的利息（標金），所以基本上標會也具有銀行的存款功能。另外，若你是一位花錢如流水、不知節制的「散財童子」，那麼標會便是最佳選擇；因為標會會讓你每月皆能省下一筆錢。這種強迫式的儲蓄，不失為一種既能約束惡習又能達到儲蓄效果的好方法。

標會的方式與流程

標會是較傳統的一種方法，除了可以養成儲蓄的習慣外，也可以應付急用時的所需，又可以增加朋友間的互動，可謂一舉數得。無論是同事間或是親戚朋友間的的互助會每月金額都不大，五千、六千、一萬是比較平常的數目。想想看，每月強迫自己存一萬元，兩年的互助會也可以存二十五、六萬元，是一筆不小的數字。所以現在我們就來好好地認識標會。

在此就以標會形成、標會流程、標會種類來詳加介紹：

一、標會形成

由會首召集數人或數十人的會員為標會的組成分子，而總參與人數即為會期期數。會首與會員彼此訂定一標會會款及約定每期的標會時間，則此會大致形成。

二、標會流程

首會的標會流程與往後各會期相異，所以標會流程也可分為兩種：

1. **第一會期的標會流程**：在首會時，會首會向各會員收取會款（即訂定會款），則第一會期的標會活動可算完成。

2. **往後各期的標會流程**：由活會會員（即仍未得標的會員）競標，而所出最高標金者得標，所以在此原則下，無意在此期就將會標下的活會會員，便可以利用底標金競標來迴避得標的機會。若所有活會會員皆不想得標（皆以底標來競標），則由會首在眾會員監視下抽籤以決定何人得標。

得標者可收取兩種會款：

①會首及死會會員（已在過去得標者）的會款。

②活會會員的會款。

在本期得標的會員，在往後各期的標會活動中即成為死會會員。如此內容重複循環，直到每個活會會員皆成為死會會員為止，亦即會期結束為止。

三、標會種類

主要是以繳納會款方式不同為分類依據，可分為兩種：

1. 內標（亦稱下標）：即活會會員所繳納的會款為訂定會款「扣除」標金後的金額。會首及死會會員所繳納的會款為訂定會款。

2. 外標（亦稱上標）：會首及活會會員所給付的會款為訂定會款，死會會員所繳納的會款為訂定會款「加上」標金後的金額。

四、倒會

當然參與標會活動的每一人，皆衷心希望此會能順利完成，以滿足會員及會首的標會需求。但若不幸標會活動因故中斷而無法完成，則此會便形成了倒會。

倒會可分為兩種：

1.**惡性倒會**：即會首或會員在自己得標後便「落跑」，蓄意不繼續支付會款，這種情形就稱為惡性倒會。

2.**良性倒會**：即會首或會員在自己得標後，可能因債務或其他龐大支出，致使無法再繼續支付其他會期的會款。良性倒會與惡性倒會不同處，在於惡性倒會是「蓄意」肇使標會活動中斷，可能以無故失蹤的方式來逞其目的；而良性倒會則是非故意地使標會活動無法完成，而倒會者也不會以失蹤來作為逃避責任的方法。

不論惡性倒會或是良性倒會，倒會者皆會因此而信用破產，對倒會者往後的一生影響深遠。所以跟會的同時，仍須顧慮到標會的風險。若不幸遇到倒會，可能得不到應有會款，對個人財務狀況的破壞力是無法想像的。

標會的優點

在台灣，有許多人已經有了標會的經驗，這群人或為會首、或為會員，也有不少人打算投入標會活動，可見標會有足夠的吸引力，讓大眾視它為理財瑰寶。在此，就讓我們一起來見識標會的好處：

一、顯著的儲蓄效果

一般人較保守的儲蓄方法除了將錢存放在銀行之外，就是將錢置放在自己認為安心安全的地方，諸如保險箱中、衣櫃裡，甚至枕頭下等，然後每隔一段時間或是天天都可將存的錢放入自己的「存錢筒」，並且欣賞那些累積下來的鈔票。這種守財奴的心態，只會導致利息的損失而已。採用民間標會存錢，可強迫自己每個月存款，和銀行「零存整付」的存款方式類似，但利率比銀行高，儲蓄效果顯著。

二、資金可靈活運用

俗話說「救急不救窮」，可知在金錢方面，燃眉之急才是最令人擔憂的，而每個人終其一生都有可能會面臨這樣的難題，如購屋、買車、孩子們開學等，都會出現現金不足的困擾。身陷這樣的困境中，若向他人借貸（或銀行、地下錢莊）為唯一取得資金的管道時，問題便接踵而至。

若向銀行貸款，手續不但繁雜，加上需要抵押品，而且銀行在衡量後，貸款者仍可能遭受拒絕。經過這段時間的拖延，只可能讓情況惡化而已。若向地下錢莊借貸，恐怕利息的支付只會讓問題「一波未平，一波又起」罷了。

當面臨急用時，恰好有一會在手，則可標下此會以取得現金來作融通之用。所以跟會的好處在於可靈活調度，又不必被高利息壓得喘不過氣來，這可能是其他融資管道所不及的。

會首與會員的角色

根據民法修訂案中相關互助會的一項條文：**會首應於標會後三日內收取會款，交予得標的會員。若會員中有未於期限之內給付會款者，會首應代為給付。**所以可知當有會員倒會時，可要求會首代付倒會會員所欠的會款。

不論是會首倒會或是會員倒會，對於其他會員都會造成相當程度的損失。為了防範於未然，事先的預防最重要。

那麼，該如何做有效的預防呢？

會員們皆應抱持著「先小人後君子」的心態，要求會首提出一份完整的會單，會單上應載明保障會員的項目。例如：若會首倒會，則死會會員應按期將會款交付予活會會員平均分配，或會腳倒會時的因應情形。然後持會單至法院公證，使生法律效力。

如此一來，一旦倒會事件發生，受害會員即可持會單提起民事訴訟來求償。倒會是所有跟會人所不樂見的，所以在跟會之前不妨三思而後行，所謂「小心駛得萬年船」，因此跟會人千萬不能只見利而不顧弊。每種遊戲都有遊戲規則，標會自然也不例外，但問題是規則由誰來定？若已有規則可循，可是有人無意遵守時又該如何解決？此時就該了解會首與會員的權利義務，以解迷津。

一、會首的義務

1. 訂定會款、競標底價、開標日期、收款日期及標會方式（內標或是外標）。
2. 聚集會員，分發會單，讓會員能夠明瞭此標會活動的規則及成員。
3. 負責在開標日期讓活會會員出價競標。
4. 向死會會員及活會會員收齊會款，再繳交給得標會員。

5. 若在標會會期仍未結束前，有任何會員倒會，則會首須負起連帶責任，即需要為倒會會員給付仍未完結的會款，不使其他會員蒙受損失。

二、會員的義務

1. 在收款日期內繳交會款。
2. 遵守互助會的原則。

以上就是會首與會員在互助會中應盡的義務。就權利而言，會首與會員一樣皆可取得自己應得的會款。

標會應該注意的事項

倒會是跟會的人的夢魘，但如果為了將此夢魘揮之為快，而每每在會期的初期階段即急忙地搶標，這便又損失了利息的好處，如此情形又與自己當初跟會的動機相牴觸。

然而其中的分寸該如何拿捏呢？如何魚與熊掌皆可兼得呢？這些是每個標會人

心中的共同疑問。

其實不論是惡性倒會或是非惡性倒會，在這令人不愉悅的行為發生之前可能會露出一些端倪，而這些現象便是倒會的警訊。所以多洞悉這些預警的訊號，便更能降低被倒會的風險，及更加保障自己的權益。

在此列出一些倒會的預警現象以供大家參考：

1. 會首在起會之前的財務狀況已亮起紅燈：有些人在被迫走投無路之時，便想藉由起會來籌措資金以償還自己的債務，然後再遠走高飛，一走了之。所以在參加標會活動之前，不妨利用旁敲側擊的方法來探聽會首起會的動機，及會首的經濟狀況。在動機正當與會首的財務狀況並無不善的情形下入會，便能降低會首倒會的機率。

2. 某期標金突然竄升：當某一會員以高利息為借款代價時，其他會員便應稍微留心一下，因為這可能與向高利貸借貸的情形如出一轍，都是已到燃眉之急才會出此下策。當然高標金不一定與倒會畫上等號，因為有些活會會員真是急需一筆週轉金暫時融資，才會不惜以高標金來搶標；一旦融資過後，其財務狀況又恢復順暢者大有人在。高標金的符號之中，隱含了不同的意義，至於為哪一種取向，便有賴其他會員的觀察及打聽了。

3.同為家屬的會員們連續搶標：在一標會活動的成員中，經常見到母女檔或姊妹檔等等家屬關係。或許從表面上看來，擁有親屬關係的會員們同時入會是一件很正常的事，因為通常一會之所以可以成立，便是由於親朋好友間的相互搭聚。但是在這樣親屬關係的背後也隱藏了一種危機——即是倒會的接力現象。

所以，一旦擁有家屬關係的會員們連續搶標，其他會員必須多加探聽這個家庭的財務是否出現危機才是。因為這樣的倒會風波，會使其他活會會員的受害程度更甚於一般單一會員倒會的情形。

4.無法準時支付會款：若一會員在某會出現了遲付會款的情形時，其他會員即該提高警覺。假設此會員在他處仍有參與標會活動，則會員們不妨查詢此會員在其他標會活動中是否也出現遲付會款的情形？如果此會員對於自己所跟的會總是無法準時支付會款、且老是拖欠，則表示此會員處在一直週轉的財務狀況中，那麼對於此會員的信用程度就該大打折扣，且更加提防才好。

標會人面對上述的四種情形，應該處於警戒的狀態。不論這些情形是否一定會成為導致倒會的原因，會員們皆該視他們為徵兆。如果因為這些因素而使標會人終日惴惴不安、擔心憂慮，那麼不妨早日將自己的會標下，畢竟不虧本才是最重要的。

標會的獲利估算

民間標會之所以廣受一般民眾歡迎，其中一項原因是利率比存在銀行優厚，而需要用錢時其利率又比向銀行借款利率低。在估算標會的獲利與利率時，可分為內標、外標兩種：

一、內標型的會

所謂內標就是標金（利息）含在會款中。假設會款為一萬元，標金（利息）為二千元，第一個月和標到會款後的月分都要繳一萬元，尚未標到的月分即繳八千元。

➪ 內標型的會之計算方式

以A小姐參加一個內標的會為例，此會共有10人，訂定會款為1萬元，平均標金為2千元。如果A小姐是第二個月標到，則會拿到第一個月標到的人的1萬元加上其他8人的8千元，共7萬4千元。

10,000＋8000×8人＝74,000元

A小姐參加內標在不同會期得標的收入與支出

預計得標會期 / 會期	2	3	4	5	6	7	8	9	10
1	−1	−1	−1	−1	−1	−1	−1	−1	−1
2	1+(8×0.8)=7.4	−0.8	−0.8	−0.8	−0.8	−0.8	−0.8	−0.8	−0.8
3	−1	2+(7×0.8)=7.6	−0.8	−0.8	−0.8	−0.8	−0.8	−0.8	−0.8
4	−1	−1	3+(6×0.8)=7.8	−0.8	−0.8	−0.8	−0.8	−0.8	−0.8
5	−1	−1	−1	4+(5×0.8)=8	−0.8	−0.8	−0.8	−0.8	−0.8
6	−1	−1	−1	−1	5+(4×0.8)=8.2	−0.8	−0.8	−0.8	−0.8
7	−1	−1	−1	−1	−1	6+(3×0.8)=8.4	−0.8	−0.8	−0.8
8	−1	−1	−1	−1	−1	−1	7+(2×0.8)=8.6	−0.8	−0.8
9	−1	−1	−1	−1	−1	−1	−1	8+0.8=8.8	−0.8
10	−1	−1	−1	−1	−1	−1	−1	−1	+9
獲利	−1.6	−1.2	−0.8	−0.4	0	+0.4	+0.8	+1.2	+1.6

（單位：萬元）

➡ 參加內標支出與收入的公式

M：會期數，在上例中M＝10
N：預計得標會期
Q：訂定會款，在上例中Q＝1
P：平均標金，在上例中P＝0.2（假設每次均標0.2萬元）

支出：〔（M－N＋1）×Q〕＋〔（N－2）×（Q－P）〕
收入：〔（N－1）×Q〕＋〔（M－N）×（Q－P）〕

範例：若A小姐在第8期得標（N＝8）

總支出為：
〔（10－8＋1）×1〕＋〔（8－2）×（1－0.2）〕＝7.8萬元

總收入為：
〔（8－1）×1〕＋〔（10－8）×（1－0.2）〕＝8.6萬元

故不考慮時間差，A小姐可獲利8千元，遠高於銀行之定存獲利。

二、外標型態的會

而外標則是標金（利息）加在會款之外。也就是假設人數、訂定會款、平均標金，都與上例相同，標到之前的月分是付一萬元，標到之後的月分是付一萬二千元。

外標型的會的計算方式

如果A小姐參加的是一個如上方條件但採外標方法的會，第二個月得標可拿到其他9人的1萬元，共9萬元。

10,000×9人＝90,000元（因為會頭不用付標金）

如果第三個月標到，則拿到上個月標到的人的1萬2千元，加上其他8人的1萬，共9萬2千元。

10,000（會首）＋12,000（第2標）＋7人×10,000＝92,000元

A小姐參加外標在不同會期中標下的收入與支出

會期 ＼ 預計得標會期	2	3	4	5	6	7	8	9	10
1	−1	−1	−1	−1	−1	−1	−1	−1	−1
2	9×1	−1	−1	−1	−1	−1	−1	−1	−1
3	−1.2	(8×1) +1.2	−1	−1	−1	−1	−1	−1	−1
4	−1.2	−1.2	(7×1) + (2×1.2)	−1	−1	−1	−1	−1	−1
5	−1.2	−1.2	−1.2	(6×1) + (3×1.2)	−1	−1	−1	−1	−1
6	−1.2	−1.2	−1.2	−1.2	(5×1) + (4×1.2)	−1	−1	−1	−1
7	−1.2	−1.2	−1.2	−1.2	−1.2	(4×1) + (5×1.2)	−1	−1	−1
8	−1.2	−1.2	−1.2	−1.2	−1.2	−1.2	(3×1) + (6×1.2)	−1	−1
9	−1.2	−1.2	−1.2	−1.2	−1.2	−1.2	−1.2	(2×1) + (7×1.2)	−1
10	−1.2	−1.2	−1.2	−1.2	−1.2	−1.2	−1.2	−1.2	(1×1) + (8×1.2)
獲利	−1.6	−1.2	−0.8	−0.4	0	+0.4	+0.8	+1.2	+1.6

（單位：萬元）

➪ 參加外標的支出和收入的公式

支出：〔（N－1）×Q〕＋〔（M－N）×（Q+P）〕

收入：〔（M+1－N）×Q〕＋〔（N－2）×（Q+P）〕

M：會期數在此例中M＝10
N：預計得標會期
Q：訂定會款在此例中Q＝1
P：平均標金在此例中P＝0.2（假設每次均標0.2萬元）

範例：若A小姐在第9期得標（N＝9）

則其總支出為：
（9－1）×1＋（10－9）×1.2＝9.2萬元

總收入為：
〔（10+1－9）×1〕＋〔（9－2）×1.2〕＝10.4萬元

同樣的，若不考慮時間差的因素，A小姐可獲利1萬2千元，已超出銀行定存獲利的3倍以上。

PART 3. 投資篇

聰明投資是增加財富最好的方式

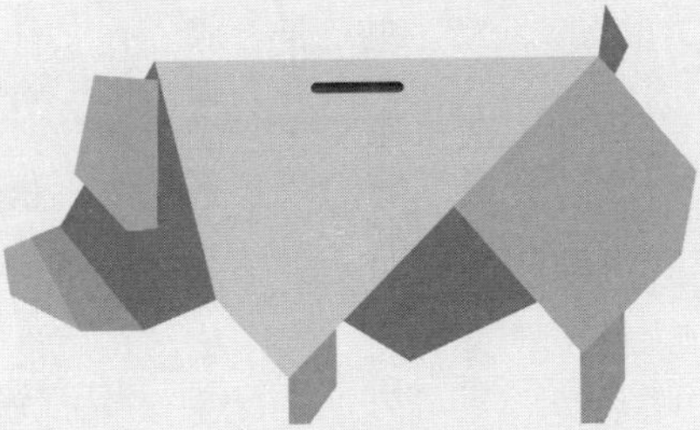

1 投資共同基金比股票容易入門嗎？

投資共同基金是一種間接投資行為，和自己進行股票、或其他直接投資比較起來，共同基金是由專業的經理人操作管理。經理人對國內外經濟景氣及各行業、公司的營運和潛力都有深入的了解。根據豐富的經驗及有系統的分析研判做成投資決定，其投資績效自然比一般投資人優異。

基金公司不僅有專業經理人操盤，更聘請許多研究人員與財經專家從事研究工作，比起個人投資更能掌握市場脈動。投資共同基金，把錢交給專家管理，可解決時間和專業知識不足的問題。

投資共同基金的優點

投資上所謂的「風險」，就是一段時間內所投資之證券價格，或基金淨值高低起伏的變化程度，其意義與所謂的「危險」仍有相當程度的差異。從負面的角度來看，風險就是「賠錢的危險」；但從積極正面的角度來論，風險即是「賺錢的機會」。

投資共同基金可以有效分散投資風險。投資的重要原則是「不要把所有的雞蛋放在同一個籃子裡」。如果把所有的錢投資在某上市公司股票，當這支股票大跌時，必然損失慘重。共同基金的操作因為分散了投資標的，可以降低投資風險。共同基金把投資人的錢分散至各種金融商品中，某些產品的跌價損失可以因其他產品漲價而抵銷，大大提升避險的效果。一般而言，共同基金的投資標的，除證券外還有黃金、期貨、選擇權和房地產等。

共同基金是匯集眾人的資金投資於金融市場，因此利得或損失皆由全體共同基金受益人平均分擔，個人的風險自然降低。

一、變現容易，流動性佳

投資人可以因個人需要，隨時將基金持分脫手變現。如果你投資的是開放型基金，可將持分賣回給基金經理公司，基金經理公司以收到投資贖回申請日的次一營業日的淨值為贖回價，五個營業日內受益人可以拿到價金。

如果你投資的是海外基金，可以在代銷銀行或相關金融機構贖回，或直接賣回給國外的海外基金經理公司。由於海外基金牽涉到幣別的轉換，因此需要較多的作業天數，通常七到十個工作天投資人才可以領到價金。

除了變現容易外，很多基金公司（主要是海外基金公司）也提供基金轉換的服務。投資人可以把投資某個基金的錢，全部或部分轉換到同公司的其他基金，免除賣掉原持有基金再購買其他基金的麻煩。

二、無倒帳風險

共同基金的組成及運作，建立在「經理與保管分開」的基礎上。基金經理公司只負責基金的管理與操作，下達投資的買賣指令，並不實際經手基金的資產。保管機構則只負責保管，並依經理公司的指示處分基金的資產。基金的資產在保管機構內的帳戶是獨立的，即使經理公司或保管機構因經營不善而倒閉，債權人也不能動到基金的財產，因此信用風險無虞。

共同基金除操作與保管分開外，資金的操作情形還須在季報和年報中揭露；每週的持股情形也須提供給媒體，做到資訊公開的原則，所以投資人除了因行情起伏，或經理人操作良窳會有盈虧外，不必擔心資金的安全性。

一九九五年二月二十五日，霸菱新加坡分行一位二十八歲的交易員李森，因操作衍生性商品使霸菱集團蒙受五億英鎊的損失。事後由荷商ＩＮＧ集團接手，投資人的信託資產依然可以每股淨值贖回，權益不受任何影響。

三、減少佣金支出

個人買賣股票債券期貨或外匯商品，都須支付佣金給經紀商，甚至忍受買賣的價差。共同基金在買賣上述金融商品時，由於數量和金額較大，可減少佣金支出或買賣價差，進而減低投資成本、增加基金收益，這是個人投資無法辦到的。

近年來，基金公司為了爭取客源，大都調降申購手續費、甚至不收任何費用，如此一來大大節省了投資人的費用，降低投資成本。投資人在投資共同基金之前，應先對基金的申購贖回、配息、質借和費用有所了解。唯有如此，投資時才能得心應手。由於共同基金可區分為封閉型與開放型兩種，其手續與流程皆不同，投資人可多加留意。

共同基金的獲利來源

投資人投資共同基金無非是想要獲利，其獲利的來源可分為：共同基金收益的分配和基金買賣的價差。

一、共同基金的收益分配

投資人投資基金要有獲利，必須是基金處於獲利狀況，基金公司就會擇期將收益分配給投資人，稱為收益分配或配息。每個基金都會訂立分配收益的時間與次數，這些分配原則，投資人在購買基金前就要先了解。

成長型基金為資金的長期成長，所以一年頂多分配一次收益，有些成長型基金甚至多年不配息把收益全部滾入基金資產再投資，不斷累積基金資產。相對的，收益型基金如債券基金或貨幣市場基金，每年分配收益的次數就不止一次，有的甚至每月都配息給投資人。投資這類基金為的也是定期的收益，國外的退休金準備通常以此類型基金為投資標的。

分配次數較多或每次分配較多收益是不是比較好，要看投資人投資基金的目的而定。如果目的是為了定期收入，那麼配息較多的基金比較適合；如果是為了累積資金再投入資金去投資，配息少或不配息的基金則是較佳選擇。

二、以基金淨值獲取差價利得

投資人購買共同基金無非是想獲利，投資人除了可以透過共同基金的收益分配取得利益外，另一種獲利則是利用基金淨值獲取差價。舉例來說，在淨值十二元時投資基金，淨值漲至十五元時賣掉基金持分，就可以有三元的差價獲利。淨值是計算買賣基金持分單位價格的主要依據。開放型基金的淨值，即基金一個單位的價格；封閉型基金由於持分透過交易市場買賣，成交價可能與淨值不同，市價與淨值有差距，市價高於淨值就是溢價，市價低於淨值即是折價。

淨值也是計算投資基金盈虧的依據，例如投資時的單位淨值是十元，過了一段時間，單位淨值升為十三元，即有百分之三十的獲利；若單位淨值跌至八元，就賠了百分之二十。

共同基金的種類

一、以投資目的區分基金

1.**收益型基金**：此類基金強調的是固定、穩定的收入，投資標的以債券或票券為主。最大的優點為損失本金的風險很低，投資報酬率也略優於銀行定存，通常每年都會配息。由於利率變動與債券、票券價格呈反方向變動關係，因此收益型基金淨值的變動與利率走勢有絕對的關係。在利率水準下滑的趨勢中，有可能產生資本利得，反之則有損失。

2.**成長型基金**：以追求長期資本利得為目的，為達成增值的目的，這類基金通常以業績、盈餘展望較佳，股性較為活潑的股票為主要投資標的；固定配息的投資工具，如特別股、公司債、公債、票券所占比例極小。股票行情的起伏會影響基金的淨值，投資人應隨時掌握買賣時點才有利可圖。

成長型基金雖標榜以成長為目標，但由於經理人的操作手法與策略及投資的金融商品不同有所差別，有些基金偏向「積極成長」，有些則強調「穩健成長」。

部分成長型基金為達到資本快速累積的目的，在信託契約中規定，已實現資本淨利得「全部」或「部分」排除於可分配收益項目之外。有的資本淨利全部不予分配，有的只提撥一定成數在會計年度終止後配發股息。

3.**平衡型基金**：又稱為成長兼收益型基金，其特色介於成長型基金與收益型基金之間，把資金分散投資於股票與債券，希望在資本成長與固定收益間求取平衡點。理論上，這類型基金的投資報酬率應介於成長型基金與收益型基金之間。股市大跌時，表現優於成長型基金；在多頭行情中，漲幅則較收益型基金為佳。

二、以投資標的物區分基金

1.**股票基金**：以股票為主要投資標的，也少量投資於其他高流動性資產。有些基金公司採取融資操作方式投資股市，固然在多頭市場有較多的漲幅，但處於空頭市場時風險也較大。

2.**債券基金**：投資於債券市場，賺取利息收入。債券基金依到期日的長短，及債信差異而有不同的報酬水準。政府公債的債信最好，風險最低，但利息收入也最少；公司債券依公司信用評等而有不同的報酬率，到期日較長的債券其報酬率比短天期的債券高。另外，台灣投資人喜歡投資高收益債券型基金，此一基金是將資金投入債信評等比較低的債券，以賺取比較高的報酬率。

3.**貨幣基金：**主要投資於商業本票、可轉讓定期存單和其他短期票券，是低風險、低報酬的基金，適合通貨膨脹初期投資，因為短期利率節節高升，既不利於股市，也不利於債市。在債市、股市走勢不明時，可將資金轉換至貨幣基金，以規避市場風險。

4.**商品基金：**商品基金包括黃金和貴重金屬基金、能源基金、石油基金等，這類型基金將資金投入這類相關產業的公司股票。當這些原物料上漲，該公司的股價也會有所表現，在對抗通貨膨脹上有卓越的功效。

5.**外匯基金：**以各國貨幣為投資標的，利用外匯金融工具賺取匯兌利益，例如現貨外匯、外匯保證金、外匯選擇權等。這種基金的淨值起伏極大，風險亦較高。

6.**指數基金：**此種基金的投資組合以構成指數的股票為主，以達到與指數同步成長為目標。指數基金因分散投資於各產業，因此不易因單一產業的變動而大起大落。有時候該種基金直接投資於股票指數期貨，或股票指數選擇權。台灣目前有多檔指數型基金在集中交易市場掛牌，台灣50基金就是其中一檔。

7.認股權證基金：主要投資於上市公司的股票認股權證，是一種高風險、高收益的基金。由於股價漲跌直接影響認股權證的價值，因此認股權證的價格會受股價影響，產生槓桿作用。也就是說在股價上升時，漲幅超越股票；股價下跌時，跌幅更深。

2 基金的好壞要如何評估？

投資人把資金交給基金公司去買賣金融商品，當然要對基金經理公司與共同基金做一番評估。在眾多共同基金中，選出最優良的產品投資，才能保本而且獲利。評估的方向，一是針對基金經理公司，另一是針對該基金。例如想投資「富達日本認股權證基金」，應先針對「富達基金公司」進行評估，再進一步了解該基金的績效與投資策略。

如何選擇優良的基金？

一、了解基金公司和基金經理人的要點

基金經理公司的背景、財力、規模、信譽，和經營方針、管理方法，投資者都

必須了解。雖然基金的資產不會因為基金經理公司的興衰而遭受損失，但基金經理公司的基礎是否穩固、管理制度是否完善，特別是基金經理人的投資和業務素質、管理方法，及信託人、會計師、核驗師的資歷與經歷，都足以影響基金業績，也影響投資者能否獲利和獲利多寡。挑選基金經理公司的方法很多，主要根據基金經理公司的業績。

比較基金經理公司的業績，要對其以往管理的基金其他業績加以評價，該經理公司以往管理的基金業績好，說明該經理公司具有較強的管理能力，值得選擇；如果以往管理的基金業績差，則反映該經理公司經營管理能力弱。

除了比較基金經理公司的績效外，投資者還應分析基金經理公司在不同行情或景氣循環週期的表現。在多頭行情中，大部分基金公司應該都有獲利，但獲利最大的公司才是最優秀的公司；反之，在空頭市場中，大部分基金可能虧損，若基金公司還能有不錯的績效，則值得投資人信賴。

基金經理人直接關係到基金的投資績效。一位精明強悍的經理人，會使基金的投資達到最佳，為投資者帶來較好的收益；基金經理人若無能，就不可能管好基金的投資，投資者也就無從獲取較高的利益。投資者應即時了解基金的人事變動，這可以透過有關報導和直接打電話詢問經理公司得知，以免自己的投資糊里糊塗地受到損失。

選擇國內投信公司時，應注意投信公司的基金種類及轉換費用的多寡。有的投信允許投資人免費轉換旗下的各種基金，等於多花一次費用享受永久服務，所以，留意基金公司的各種收費率及轉換率相當重要。

二、了解共同基金的要點

1. **基金規模大小：**投資者確定投資的基金類型後，應該考量基金的規模大小。基金規模大，對投資者較有利，因為規模較大的基金才能分擔昂貴的研究分析費用，才能有力適應基金多樣化的投資組合需求，以分散投資，減少風險。當然，這並不是說基金的規模越大越好，基金規模太大，也會影響其機動性、彈性和流動性；而且基金規模太大，一旦改變投資組合，往往會對整個有價證券行情的走勢產生不利影響，這與投資基金的初衷相違背。

2. **基金費用多寡：**投資者須支付基金公司一定的管理費用，投資前先清楚基金公司的各種收費計算，是基金投資成本重要的一環。計算精確，可避免日後贖回時可能蒙受的損失。

3.基金合法與否：與其他投資對象一樣，基金必須具有合法性，必須是向國家證券監管部門申請登記並得到批准的。經證券監管部門審核批准，基金才能正式成立並發行，投資人應選擇合法的基金投資才有保障。

4.基金績效好壞：基金過去的績效好壞，對投資人來說是相當重要的評估指標。雖然基金過去的表現未必代表基金將來的成績，但基金經理人的操盤實力，卻可由過去的成績看出端倪。要了解過去的績效並不困難，可參考附有基金績效排名的財經雜誌，也可以向基金公司詢問。

評估基金績效的項目大致有下列幾項：

①基金淨資產值
②投資回收期間
③現金庫存比例
④淨現金流入
⑤投資報酬率

5.基金的價格變化：基金價格的變化與投資者的投資效益密切相關，基金價格變化是伴隨投資風險而上下變化的。基金投資者一般都希望基金的價格穩定，這樣可試圖透過投資者個人持分的回收和贖回實現獲利。基金價格的變化情形，可從該基金的歷史經營紀錄中獲知，並在市場行情升降兩種情況下，比較基金的營運紀錄。隨著近年來基金的不斷發展，投資者已將風險因素納入觀察對象，選擇基金時，風險和經營狀況應同樣注重。

選擇適合自己的基金

一、依個人投資屬性選擇不同基金

面對市場上琳瑯滿目的共同基金，專家建議，決定投資標的之前應先了解自己的個性、承擔風險的能力、期望收益與資金運用期間等，如此才能確定自己的投資目標。

1.風險負擔容忍程度：選擇共同基金之前，衡量自己對風險的承受能力是非常重要的步驟。最簡易的衡量辦法是，將一般投資人所能承受風險能力的平均值當作「中程度風險」，或接受更高或較低的風險。一般而言，投資人對風險承擔的能力，隨著年齡、個性及不同的社會階層而異。年輕單身、初入社會工作的投資人，由於來日方長，因而對投資風險有較大的承受力；相對的，年屆退休養老的投資人，對資金的穩定收益倚賴較重，風險承擔能力相對較弱。

2.資金運用期間與額度：投資人可運用資金的期限，也是衡量投資屬性時必須考量的項目。可運用的資金期限過短，即使積極冒險的投資人，也應該選擇低風險的基金投資。

投資人也必須衡量財務能力。手中握有的資金越多，能夠承受的風險壓力越大。決定投資之前，應將所有資產列一清單，除固定投資外，將資本增值及固定收入部分拿來投資。當不致嚴重影響整體資產狀況時，即可放心投資，否則應重新考慮是否有能力投資。

3.未來收益之期望：風險承受能力越高，則長期投資成長的潛力較好，因為投資期限不長就難有高報酬；換句話說，若期望短期間內獲得高報酬，則應做好接受損失的心理準備。投資人應預估自己的收益期望與收益期間，若希望每月、每季有固定收入，最好投資可轉換公司債基金、或債券型基金。如果想避稅減稅，或得到最佳的稅後利潤，資本增值的平衡型基金將是最佳選擇。偏好高利潤的報酬，則可投資較積極及平均風險較高的股票基金。

了解自己的投資屬性之後，投資人應對各種基金的特性有所了解，方能選中符合自己需求的基金。基金風險的大小，依序是特殊基金、單一股市基金、區域型股市基金、債券型基金、貨幣

⇨ 依投資目標選擇合適的基金

投資目標	基金形式	基金特性		
		資本增值	每年收益潛力	本金安全度
最大資本成長	積極成長型	很高	很低	低至很低
高資本成長	特別成長型	高至很高	很低	低
收益與資本兼顧	收益與資本兼顧型	中等	中等	低至中等
目前的高收益	收益型	很低	高至很高	低至中等
目前收益兼顧本金保障	貨幣市場基金	無	中等至高	很高
免稅及本金保障	免稅貨幣市場基金	無		很高
目前收益及本金最安全	國庫券公債	無		很高

型基金。投資人可選擇數種風險程度不同的基金，根據自己的投資屬性，設計合乎自己投資需求的投資組合，以達到分散風險的目的。選擇適當的經理人也是重點之一，經理人對風險的看法應與投資人的看法一致。如果投資人對經理人一無所知，或不清楚經理人的作風，就不應購買這個基金，以免因操作相互牴觸而產生損失。

二、依人生階段選擇不同基金

人的一生大致可以二十二歲為基礎，每增加十歲為一個階段。

這幾個階段分別為：

①二十二歲到三十五歲的「青年期」
②三十六歲到四十五歲的「成年期」
③四十六歲到五十五歲的「成熟期」
④五十六歲到六十五歲的「穩定期」
⑤六十五歲以上的「退休期」

人生的五個階段

各階段生活特質差異極大，理財活動不盡相同，因此適合的投資工具也有差異。

有句俗語說：「人兩腳，錢四腳」錢追錢，要比人追錢要快多了。古有明訓：「投資理財致富，唯勤與儉。」這句話在經濟停滯的古代，可謂是理財的金科玉律，但在經濟成長快速變化多端的今天，理財觀念必須隨之調整。各項資產的報酬率差異甚大，在當今這個時代，開源節流不再是投資理財的唯一重點，而投資理財不能再仰賴「積沙成塔，積少成多」的開源節流，而是要依靠「幾何級數，加速成長」的複利效果。

透過投資共同基金來達成人生目標其實並不難，尤其共同基金多半投資在股票市場，投資時間越長，複利效果越大，獲利機會自然也越高。十年、二十年下來，長期平均每年報酬率應該會在百分之十以上，絕對優於定存。股市具有上下波動特性，殺進殺出的短期投資不一定會獲利，而透過共同基金可以分散單一個股，以及單一市場的風險。長期而言，通常可以獲得與股市指數漲幅一樣、或是更高的報酬。

1. 青年期和成年期點滴累積資金：青年人的目標在於取得專業技能。由於還在求學階段或者還是社會新鮮人經濟不穩定，僅能利用活存和標會一點一滴慢慢累積資金，因此不太適合買股票、買房子。

二十五歲以後累積相當的專業能力，收入逐漸提高。為了將來子女的教育基金、購屋基金，這時可用定存或是強迫自己定期定額地投資及儲蓄。

透過投資共同基金來達到人生目標，其實並不困難，就像剛才所說，先要想想「我要什麼？」接下來只要計算一番，就不難知道每月應該投資的金額。

2. 成熟期和穩定期追求高報酬：成熟期的投資人經濟已趨穩定，其風險承擔能力較佳。在購買共同基金時，應可追求較高的獲利，而適合的基金類型為區域型股票基金。

有些淨值暴起暴落的共同基金，儘管會在某段期間之內擁有傲人的績效，投資人卻不一定能因此賺錢，原因無他，因為投資人買在高點、賣在低點的可能性非常大。

股票型基金的缺點，是投資期間波動性往往大於其他類型基金。當一支基金的淨值波動越大，其風險越高，報酬率除以每單位風險數以後，投資人不一定可以得到最大的報酬。因此，成熟期的投資人應捨去單一國家的股票型基金，而選擇區域型的股票基金來規避國家風險。

一般而言，認股權證基金（投資標的是認股權證）的波動風險大於股票基金，股票基金的波動風險又大於債券的平衡型基金，平衡型基金的波動風險又大於債券型貨幣型等基金。

成熟期的投資人在子女教育基金選擇投資標的時，最好是選擇長期平穩上揚的區域型基金，投資期間可長達十年、甚至二十年。

而像新興市場基金，就不太適合作為長期子女教育基金標的，但投資人可掌握經濟景氣週期波段，做二或三年的投資。如果是長期投資，希望有穩定的報酬率，不希望波動太大，至目前為止僅有一九九一年諾貝爾經濟獎得主夏普（Sharpe）所發明的「夏普指數」（Sharpe Ratio），可以用作衡量報酬與風險的指標。

夏普指數由於可以同時衡量報酬率與風險，近年來在業界使用度越來越廣。夏普指數最大的意義，在於提供投資人客觀的風險報酬指標，象徵同類型基金在相同的單位風險之下所能獲取的報酬高低，因此指數越高越好。

3. **退休階段，投資力求穩健：**六十五歲以後是退休生活的開始，投資宜穩健，以定存、債券、股票及基金等投資工具為主，尤其定存、債券、債券基金等固定收益基金以及全球型基金，應占大部分比重。

退休後最須注重的是生活所需。如果目前有一百萬，但希望二十年退休後擁有退休基金一千三百萬，但每個月收入

各類型基金的風險比較

認股權證基金＞股票基金＞
債券的平衡型基金＞債券型、貨幣型

➡ 依據不同的人生階段選擇不同的標的

人生階段	青年期	成年期	成熟期	穩定期	退休期
年齡	22～35歲	36～45歲	46～55歲	56～65歲	65歲以上
社會階段	單身、年輕、新婚	婚後有較年幼的小孩	有家庭負擔	家庭負擔漸輕、準備退休	退休養老
經濟狀況	開始有收入及儲蓄	經濟漸趨穩定	收入超過支出	事業及薪水已達顛峰	固定收入來源作為養老的費用
理財目標	•積極創造財富	•注意投資收益與稅捐的關係 •以購屋為主要目標 •追求較高獲利	•為子女儲蓄教育基金 •兼顧收益與成長的平衡 •至少10年才退休，有能力作均衡投資	•調整投資組合比重 •為退休預作準備 •減低積極性之投資 •著重於收益型投資	•投資以保本安全為主
風險承擔能力	中高	高	高	中	低
投資期間	長期資金（5年以上）	長期資金（5年以上）	中長期資金（3至5年）	中短期資金（1至3年）	短期資金（1年以內）
獲利期待	高報酬	高報酬	中高報酬	收益	保本
適合的基金類型	•單一國家基金 •區域型基金	•單一國家基金 •區域型基金	•區域型基金 •貨幣基金	•債券基金 •貨幣基金 •保本基金	•貨幣基金 •保本基金

僅有五萬元，因此從現在開始每月須存九千一百二十五元，同時投資在百分之十以上的共同基金或其他獲利工具，二十年後才能擁有理想的退休生活。

3 基金像存錢，定時定額比較好？

每個月一到月底，多少還有一些閒錢留在口袋裡，這些錢說多不多，因為實在買不起一張像樣的績優股；說少不少，但也足夠一時的衝動吃一頓大餐、或買件名牌襯衫過過名牌癮。

你有沒有想過，如果把每個月沒花完的錢存起來，日積月累、持之以恆，不知不覺就可以成為一筆不小的財富，足以讓自己實現一些渴望已久的夢想。譬如說一輛新車、一趟為期一個月的歐洲之旅、一棟房子或者為子女籌措教育基金，甚至讓自己有能力提前快樂退休。

定時定額投資共同基金作戰法

也許你早就在銀行辦理零存整付的定期存款，也明白「積少成多，積沙成塔」

的道理，但是你可能不知道除了銀行定存外，你還可以利用其他更有效的投資工具，讓自己越來越有錢。

定時定額基金提供了投資人新的理財管道，小額定時定額多數是以散戶每個月固定扣款三千或五千元不等，參與基金長期投資。根據投信業者分析指出，由於小錢，散戶在戶頭裡辦自動扣款而不自覺，故忠誠度很高，並不會隨意辦理贖回。對投信業者而言，這種積沙成塔的概念，未來將是整個共同基金市場最大且最穩定的資產來源。因此各投信都砸下鉅資打廣告，促銷小額定時定額的觀念。一般投資大眾也受此影響，一時之間定時定額投資蔚為風潮。

國人逐漸認識定時定額認購基金具有儲蓄兼投資的功能，並認同股票共同基金是間接投資股票市場的理財金融商品之一，加上投信業者提供便捷的認購和扣款作業，定時定額成為國內股票型基金最大的散戶來源。

定時定額基金投資者，比重最多的是軍公教人員，以此作為退休金，其次是一般投資人，作為子女教育準備金，再其次是民營企業上班族，當作退休準備金。

定時定額的投資在漲勢行情的多頭市場，或是跌勢行情的空頭市場時，需不需要做什麼樣的調整呢？其實定時定額投資的最高指導原則，就是「傻傻地買，不間斷地買」。雖然如此，但在不同的市場狀況下，的確存在著一些運用技巧。

為了銀行作業的便利，多數銀行對於定時定額基金投資人申請轉換時，會要求投資人必須全數轉移至新基金，舊基金就自動結束。不過，這項規定也並非一成不變，近來一些銀行在開辦該項業務時，為了吸引投資人，亦允許進行部分轉換。

一、定時定額投資基金好處多多

定時定額基金如此廣受投資大眾的喜愛，想必有他迷人之處。事實上，定時定額基金的風險低、獲利率穩定，也沒有被倒帳的疑慮，對於一般的投資大眾可說是一項絕佳的理財工具。

1. **風險比投資股票低**：定時定額信託運用「成本平均原則」，承辦銀行每個月自動從投資人帳戶中扣除餘額款項，並在當天進場購買投資者所選擇的共同基金。由於投資金額買進時間均固定，市場價格上漲時，可買的基金持分較少；相對的，市場價格下跌時，可以買進較多的基金單位數，一旦多頭行情再現，低價持股部分便能立即獲利。在進場時點分散下，長期平均下來，無論基金淨值上漲或下跌互見，皆可降低每一基金持分的平均價格成本，平均投資成本也較平均市價為低。以定時定額信託方式，其平均成本應落在月平均線上。

2.收益比銀行定存高：定時定額的投資方式是零存整付概念的延伸；唯一不同的是投資的標的物，零存整付是將錢放進銀行作為孳息之用，而定時定額基金則是將資金交給專業基金經理人代為投資各式金融工具。因此，定時定額基金除了具有儲蓄的性質外，更有積極投資的意義，報酬率通常高於銀行的定存利息。

依據「複利表」得知，每個月存入五千元，以平均年利率百分之一計算，五年後的本利和為三十萬七千七百五十一元。目前基金的年化報酬率一般多介於百分之四到八之間，以每個月扣款五千元為例，投資於報酬率百分之五的基金上，五年後可累積至三十四萬一千四百四十七元，十五年就有將近一百三十四萬元的報酬，遠遠高於定存的利息。

3.安全性比民間標會高：民間標會是國人理財最早期的工具，但是在工商業快速發展的今天，民間標會不僅有倒會的風險，使得投資人血本無歸，在投資人急需現金時，也有可能須提出高標金搶標，而造成資金成本增加。

定時定額基金可說是把民間標會的優點發揮得淋漓盡致，同時並排除了民間標會的缺點。由於基金的經理與保管分開，因此沒有倒帳的疑慮；另外，基金受證交法與基金管理辦法等規範，相行之下較有保障。

參加民間標會，每個月僅有一次變現的機會，而定時定額基金可隨時要求贖回，投資人也不必擔心像定存單有未到期的折價損失。總而言之，定時定額基金兼具投資和儲蓄效果，與民間標會相比可說是好處多多。有些代辦定時定額基金的銀行規定，一旦投資人申請贖回，就得全數贖回，但捨不得放棄長期投資，或者是預期繼續投資將有不錯的報酬，卻又急需用錢時，可善用質借規定以應急。基金定時定額也可辦理轉讓手續，也就是說投資人可將手頭上的基金轉讓給他人，至於轉讓手續，依國內基金與國外基金而有不同。

4.妥善保管對帳單：由於基金公司的產品眾多，每家銀行或基金公司所提供的單據及名稱不甚相同，其重點包括：

①扣款授權書存根聯：國內基金公司於收到申請文件後，會寄回一聯交投資人收執。投資人在銀行申購國外基金時，銀行經理會直接將存根聯當面交給投資人。

②扣款通知書（交易通知書）：只有海外基金由銀行寄出交易通知書，上面注明投資人各相關基本資料，及扣款日期、金額、手續費、淨值及受益權單位數等數據，國內基金則無。

③憑證：由銀行或基金公司寄出，視客戶向何處申購而定。國內部分基金公司寄發保管單，部分基金公司則寄發對帳單；海外基金信託憑證由銀行當場交給投資人，或由投資人於七日後親自至經辦銀行領取。

二、越早開始，小錢越能致富

共同基金的概念其實非常簡單，主要在匯集許多小錢湊成一筆大錢，交由專人或專業機構操作管理，以獲取利潤的一種集資式的投資工具。

這種匯集大眾資金所組成的共同基金，由於基金的操作方向須符合大眾的投資目標，所以投資基金要事先訂出策略，確定投資目標。在國內，共同基金的正式名稱是「證券投資信託基金」，主要的投資標的為股票、債券、短期票券等有價證券。

這裡特別提醒，時間與金錢的關係非比尋常，加入定時定額基金時間的早晚，關係著致富計畫的成敗。假設你打算二十五年後退休，準備二千萬的退休金，現在選擇投資方式，你有二十五年的時間可以累積資本。民國七十三年台股指數為三百六十三點，民國七十九年曾經漲到一萬二千六百八十二點。如果以過去三十年台灣股市平均報酬率百分之十八複利計算，現在你只須每月投資四千八百六十五元即可達成目標。

若你考慮五年後開始投資，同樣條件下雖有二十年的投資時間，你每月則須投資一萬一千三百六十七元才能備妥二千萬元的退休基金。時間與金錢的組合就是這樣奇妙，所以越早規畫投資計畫，你的負擔就越輕鬆，達成夢想的距離也就越靠近。

對一般投資人而言，每月的儲蓄實在有限，如果想累積部分基金再從事投資，往往會錯失時機。基金定時定額投資計畫同時兼具儲蓄與投資雙重特色，長期獲利豐厚穩健，讓你的小錢有可能變大錢。

三、以定時定額基金籌措子女教育基金

讓子女接受「高等教育」，已是多數父母所認同的教育方針，但是父母應未雨綢繆以應付高學費的支出。除了傳統的工具外，可利用定時定額信託投資國內績優股或政府債券等投資工具，輕輕鬆鬆籌措子女的教育基金。

為了輕鬆籌措子女教育基金，越早規畫成效越好。除了父母在年輕時收入較具

彈性外，尚且要考量時間因素。若未及早規畫，當子女大學教育已迫在眉睫，屆時教育支出將成為家庭的重大負擔。據研究顯示，高學費政策是未來的必然趨勢，學費漲幅將超過通貨膨脹率與薪資的調幅，因此時間若足夠，不應選擇過於保守的投資工具，雖然安全性較高，相對地獲利性轉而變低。解決之道應是尋求中長期資本成長性高的投資工具，否則積存的金錢將不足以支付高學費時代。

一般父母可選擇長期獲利穩定的績優股，雖然股市必有起伏漲跌，但長期而言，報酬率仍居上風。若沒有理財時間，則可委託專家經營，如購買共同基金作為子女教育年金規畫之用。現代社會中，多數父母早在子女就讀幼稚園或小學時，即開始準備籌措大學的教育基金，教育基金是否足夠，取決於下列三個因素：時間、利率、物價上漲率。

時間是準備子女教育基金的重要關鍵因素，也就是說距離子女就讀大學時間越短，資金籌措壓力越大，每個月須準備的教育基金也越多。利率是第二個要素，若選擇投資報酬率較高的投資標的，取代固定的儲蓄利息，長期下來時間累積的複利效果是相當驚人的。物價上漲率越高，則所須籌措的教育基金越多。

由以上分析可知，定時定額信託基金是為子女籌措教育基金的一種好方法。由於定時定額信託，採用的是分散進場時間的「單位平均成本法」，以定時定額投資方式攤平市場高低起伏，降低投資風險。投資人雖然在高價時所購得的單位數較少，低價時購入的單位數較多，但長期累積的結果，可使較低的單位成本獲取較高的投資利潤；也就是說「幣值較穩定」、「經濟成長力雄厚」、「股市波動性較低」的基金，才是適合的投資標的，當然國際股市有榮有枯，一段時間之後檢視投資組合是否需要修正，也是操作重點之一。

4 新鮮人適合投資股票嗎？

剛剛踏入職場的社會新鮮人，常常會聽到哪些前輩投資股票致富，不到五十歲就可以提前退休；哪些投資高手投資股票資產上億，如今坐擁精華地段的豪宅。對受薪階級的上班族而言，會感覺到股票投資好像是一條通往快速致富的捷徑，卻不知有很多投資人在股海中滅頂，一輩子也無法翻身。其實股市投資要按部就班，慢慢累積經驗值，一步一步地學習，才能在股票市場中累積自己的財富。

股票初體驗

一般來說，投資股票的新鮮人有許多是盲從者，跟著第四台分析師短線進出的結果不見得好。了解主力所在，跟隨主力有時是上策，有時卻是陷阱。試著把自己作為主力去分析行情的走勢會有較大的幫助。真正能成為巨富的人，他的投資計畫往往特立獨行，做別人不敢做的決定，並默默地貫徹到底。

請記住，在股市中求人不如求已，路要靠自己去探索。

股市漲跌受到諸多複雜因素影響，其中股民的跟風心理對股市影響甚大。有這種心理的投資人，看見他人紛紛購進股票時，也深恐落後，在不了解股市行情和上市公司經營業績的情況下，買入自己並不了解的股票；有時看到別人拋售某家公司的股票，也不問他人拋售的理由，就糊里糊塗地拋售自己手中後市潛力很好的股票。投資人要了解，你聽到的明牌絕對不是第一手的資訊，甚至有可能是最後一手，盲目聽信明牌的後果，就會陷入主力「養、套、殺」的陷阱中。

有許多投資人為了一夜致富，向親友或銀行借錢買股票，再向券商融資。在雙重槓桿的影響下，理財的風險快速地增加。台灣還有不少股市投資者也參與股票指數期貨及選擇權的操作，這些衍生性商品的投資，只要付出少許保證金即可投入，因此財務槓桿超過十倍以上。倘若這些原始保證金也是借來的，那麼理財的風險會如滾雪球般越滾越大，一旦股市崩盤將會衝擊你的人生，因此你要心臟夠強才能從事期貨與選擇權的操作。

所以在進行投資前，必須詢問自己是否有能力承擔失敗的後果。我一直反對一般投資者融資買股，更不要拿居住的房屋向銀行抵押借款，避免過度的財務壓力。時下有些年輕人透過現金卡借款來投資股票，除了必須支付高額的利息之外，也承擔很高的財務風險。其次，配置適當的投資組合也是重點，一般的投資者投資股市的金額最好不要超過可運用資金的一半，例如你有閒置資金二百萬，投資股票最好不要超過一百萬。畢竟個人理財「爭的是千秋，而非眼前的短暫」。留一半可運用資金在銀行存款，避免讓你的生活過度暴露在股市的風險中。

此外，要有承認失敗的勇氣。很多投資者的行為是將有賺的股票賣掉，讓自己的心情愉快；賠錢的股票則繼續抱著，希望有朝一日，股票上漲還本，然而事實上卻是拖越久虧損越多，這就一般投資人的通病，不願意面對投資虧損的事實。

當股市越跌越深時，投資者不甘心套在高點，到處借錢，希望往下攤平降低成本。有親友借到沒有親友，最後甚至破產，以致房屋被銀行查封。當你面臨上述的抉擇時，寧願承認失敗退出股市，來保住基本的家庭生活。

身心不平衡的人從事證券投資十分危險，輕鬆地投資才能快樂地獲利。保持身心在一個愉快的狀態上，精、氣、神、腦力保持良好的狀態，會使你的判斷更準確。因股市下挫而心情沮喪、怨天尤人的投資者，基本上就不適合股票操作。如果

投資股市一定有風險

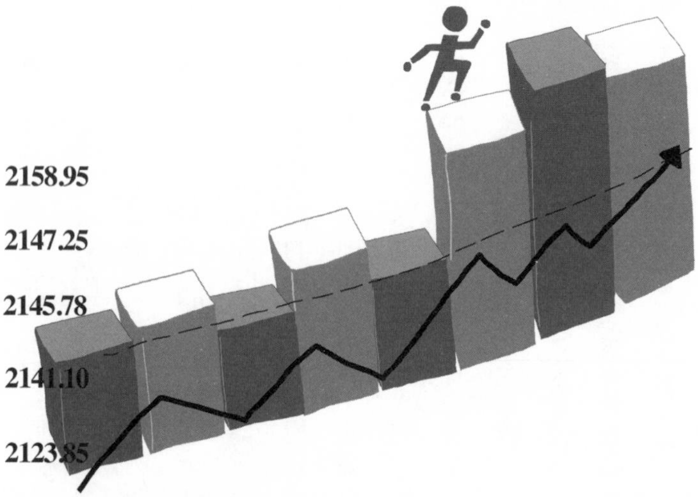

你進入股市後，股價的漲跌影響你的情緒，讓你吃不下飯，睡不好覺，股價跌就脾氣暴躁，股價漲就眉開眼笑，那我還是勸你不要投資股市，以免影響你的生活品質。投資人對股市的波動要有基本了解，保持愉悅的身心，才是面對股市漲跌的基本態度。

最後，要時常提醒自己，理財基本原則是追求「財務尊嚴」，而非賺取最多的金錢。如果投資者為了想賺最多的錢，投資風險一定與日俱增，那麼只要遇到一次崩盤，你的財富將瞬間蒸發。透過設定適當的投資組合，避免過度槓桿；具備承認失敗的勇氣，在長期理財規畫下，賺取適當的金錢，注重風險控管，就是財務尊嚴最佳寫照。畢竟留一條後路給自己，才是理財根本之道。

股市中常用的名詞及術語

「家有家規，行有行規」，當你踏入股市的地盤，必須要明瞭股市的各種專有名詞以及流行股市的術語。如此，對股票的操作才能得心應手；在閱讀股市相關資訊時，也才能一點就通。

1. **開戶：**投資人要投資股票必須先到證券商處開立證券交易委託帳戶後，取得一本集保存摺；同時到該券商委託資金交割的銀行開立款券劃撥帳戶後，取得一本銀行存摺。這些手續完備後，就可以委託營業員或透過電話語音、網路下單。

2. **發行量加權指數：**發行量加權指數為證券交易所編製，係將選樣的股票價格以「加權平均」方式計算，將股市的總市值以指數化表示，其基期以民國五十五年為基準。發行量加權指數上升，表示股市總值上漲；發行量加權指數下降，表示股市總值下跌。

3.成交量與成交總值：股市中隨不同時間、不同價格、不同數量的買或賣，都直接影響每日的成交量。「成交」是雙方同意後所達成的一種交易行為。證券交易的成交價格會受客戶買或賣之意願而起波動。成交總值是每日每筆成交數量乘以成交價格的金額之總和，亦即個別股成交值之和。

4.漲跌停板：根據證券交易所的規定，股價升降幅度超過前一營業日收盤價格的百分之七，將停止升降，這個百分之七的限度就稱為漲停板或跌停板。漲、跌停板最主要的用意是限制股價過分波動或投機。一旦股價升降幅度達到百分之七，交易所就會主動宣布漲停板，標明「＋」的符號，或者宣布跌停板，標明「－」的符號。

5.開盤價：開盤價格的簡稱，每一種股票每天開盤第一筆成交的價格。

6.最高價：行情表中所指的最高價，是當天成交各種不同價格中最高的價格，最高價格的成交筆數可能是一筆，也可能一筆以上。

7.最低價：是指當天成交價格中最低的價格。

8.收盤價：台灣證券交易所市場交易時間為星期一至星期六上午九至十二時，

行情表中的收盤是指收盤價格，即當日最後一筆成交的價格。

9. 多頭、空頭：多頭是看漲，先買進再賣出，以期獲取利潤；空頭是看跌，先賣出再買進，也是期望獲取利潤。

10. 融資、融券：信用交易又稱為保證金交易，係證券投資人以某一成數的保證金，從事借款買進股票或借股票賣出，以獲取差價利潤。信用交易的主要功能在配合政策、調節供需、活潑交易和促進證券市場健全發展。

所謂融資業務，就是投資人想買股票時，由於資金不足因而向證券金融公司（如復華、富邦）申請融資，以達到購買股票之目的。申請融資應繳納所買進股票總金額一定成數的自備款。除此之外，所買進的股票應全部留在證券金融公司作為擔保品。融券業務是當投資人想賣出股票時，由於股票不足，乃向證券金融公司融通借出股票，以達到賣出股票之目的。申請融券，應繳納所賣出股票總金額一定成數的現金，或提供一定成數的股票作為保證金。除此之外，所賣出的價款應全部留在證券金融公司作為擔保品，證券金融公司會給予利息補貼。

11. 除權：上市公司年度結算，依業績分配股權，此種股權歸「除權」前股票持有人享有。此後，即屬「除權」股票。除權應自股價中扣除權值。

12. **除息：**上市公司年度結算，依盈餘分配股息，此種股息歸除息前股票持有人享有。此後，即屬除息股票。除息應自股價中扣除息值。

13. **坐轎、抬轎：**股市中對於資訊取得的先後有一種稱呼法，坐轎者是先知先覺，抬轎者是後知後覺。所謂坐轎者是指先得知利多消息，於低價買進後等大批散戶跟進，而在時機成熟時獲利了結，坐享其利的投資人；反之，等利多出盡再跟進的散戶，或許可能得到小利，也可能根本得不到好處反被高檔套牢，這就是抬轎者。一般而言，能掌握資訊先一步搶進者，才是股市中真正的獲利者。

14. **利多、利空：**利多是對股市可能造成榮面的消息；利空則是對股市可能造成不利的消息。股價之漲跌變動，主要決定於供需關係的變化。一般而言，當利多消息突然傳出時，投資人基於買漲賣跌的心理，股票的供給減少，需求增加，此時股價必然上升；反之亦然。

投資人若想在股市中有所斬獲，必須由相關資訊中確切掌握可能影響股票變動的利多與利空因素。因此市場因素、業別因素和個別股因素的利多或利空，投資人都必須留意並加以分析。

15. **投機股與績優股：**每種股票都有其不同的特性，就是所謂的「股性」。有的股票平時交易熱絡，價位變動幅度大；有的股票價位變動幅度小，成交量亦小。投資人或投資機構在研訂投資組合時，為了擴大投資報酬，將所投資的股票依前述原則畫分為兩種，即攻擊性股票（投機性股票）與防禦性股票（具抗跌性股票）。攻擊性部分即買進價位變動較大的熱門股，求取較大的價差，例如小型股；防禦性部分則買進穩健的投資股或有固定利息的債券。因此，防禦性股票即指具有穩定的投資報酬，或有固定利息收入的股票，亦即大型績優資產股。

散戶股市自保守則

股市這些年來的興衰變化，使得投資人較有中、長期投資的醒悟，政府也努力改善國內的金融環境與投資環境，透過利用調節資金供需的方式來穩定股票市場。未來股市的漲跌也會比較貼近基本面的變化，減少一些主力作手的色彩。

市場總是認為散戶是弱勢的一群，其實一般投資人只要不斷地努力學習，也可以讓自己具有專業投資人的功力。就像武俠小說一樣，不斷地挑戰自己，功力肯定一天天進步。散戶成長的過程可分為兩階段，先求自保，也就是不要在股市中滅頂，活著就有希望，接著就要想辦法在市場上獲利。

一、不要貪心，才能確保戰果

想在股市中獲利，不但須花時間研究，而且不要貪心，才能確保戰果。選擇買賣時點、觀察量的變化、留意公司的業績和展望，是立於不敗之地的不二法門。投資股票除要花時間研究，還要懂得適時獲利了結，不要貪心。賣點的選擇有一個原則可以掌握，就是當自己買進的股票中大部分都開始下跌時，就是獲利了結，退出觀望的時候。

當股市已經漲了一段以後，個別股價漲不上去的家數越來越多，大部分投資人或是自己手中握有的股票開始跌回去的時候，代表市場上人氣開始減退，動力逐漸缺乏，應該是賣出獲利的時機。相反的，股市下跌一段，股價跌不下去的股票家數越來越多，大部分股票股價也開始反轉上升，則是買進的訊號。

二、注意大勢和個別股最新動態

依據前述原則觀察大勢之後，投資人應該勤做功課，注意大盤走勢和個別股票的最新動態。在大盤趨於弱勢，若某家公司股票股價不跌，表示有人大力接手，則介入該股票的風險不大；當大盤持續重挫之後，在少數股票帶動下，股價紛紛止穩上升，則出現反彈的機率大增。

要投資致勝一定要花時間研究。一個成功的投資人，在盤前和盤後下的功夫與時間，肯定大於在盤中看盤的時間。投資人對大盤走勢或個別公司的股價，在每天收盤後都要再仔細觀察一次，並研讀其技術指標和基本資料。當消息並未轉壞時，重要的支撐區附近應有相當的買盤，可以考慮介入。在盤中交易時，如果投資人不知道如何掌握一天中最佳的進出時點，可以採取分批買進或賣出，以確保戰果。

一般投資人都愛追隨大戶操作動向，但應考慮指數是在高檔或低檔，若是高檔則不要貿然跟進。此外投資人也應多注意公司的業績和展望，選擇績優股投資，避免踩到地雷股，萬一被套牢了才有翻身的機會。對於技術面的一些特殊現象，例如成交量的變化及相關指標的變化，也應多予注意，才能跟得安心。

三、設定獲利了結目標區

投資人在買賣股票時，應學會設定獲利了結的目標區。通常在盤整行情時，獲利一成就應考慮退出；在漲勢行情時，則考慮設定三到四成的獲利率。如買的股票下跌，應設定停損點先認賠賣出，再逢低買進來攤平成本。在風險控管上，可運用持股比率來規避風險。在大多頭市場時，持股可以增加到七成，保留三成現金；在盤整行情，持股以五成為原則，保留五成現金；在空頭市場，持股要降到一成，保留九成現金，等到股市落底後再逐步加碼。

四、長期投資，參與配股、配息

至於個股究竟適宜以短線操作或中長期投資，應以供需情勢來判斷。一般說來，績優股或大型股，成交量比較大，買賣都比較容易，適合中長期投資。此時操作應注意產品生命週期及總體經濟展望。至於中小型股，著重消息面和籌碼面的判斷，以短線操作為主，因此偏重技術性分析。

大部分的投資人都有工作，在上班期間無法每天貼近盤面進行操作，視股市投資為其個人理財的工具。此時投資人最好選擇績優股作為投資標的，持之以恆長期投資，參與配股、配息，藉由時間的累積來增加自己的財富。如果投資人希望短線操作，賺取價差，也應以百分之十左右價差作為獲利滿足點。

5 債券是任何人都能投資的嗎？

常常會有人問，投資債券需要什麼樣的條件？什麼樣的人適合投資公債？是不是個性保守的人比較適合投資債券？是不是大戶才能投資債券？早期的債券市場主要的商品是公債附買回，目的是提供很多閒置資金的大戶作為資金調度及節稅用，一般人能參與公債市場的機會很少。

公司債要如何買？

民國八十年以前，政府公債的主要投資機構是銀行與票券公司，投資人要買公債必須到銀行或票券公司購買，但由於銀行大部分的公債是作流動準備，不做買賣的，於是票券公司便成了政府公債主要的銷售機構。民國八十年九月，政府開放證券商參與中央公債標購之後，證券商分支機構的廣度以及人員充分服務的深度，儼然成了政府公債買賣市場的重要角色。所以，銀行、票券商及證券商，如今便成為投資人買賣政府公債的主要場所。

投資人可以透過電話方式，或親自到銀行、票券商或證券商，向交易員洽詢政府公債的利率行情，並決定買進或賣出的利率。待成交之後於交割日即可拿到政府公債。投資人應該選擇信用良好的交易商作為往來的對象，以保障投資的安全性。

投資人如果想要在新公債發行當日就買到當期發行之新公債，也可以在公債標購之前向郵局登記申購，最低登記金額十萬元，最高為一百萬元。投資金額更大的投資人亦可向政府公債交易商登記，參加競標或申購政府公債交易，會視狀況要求投資人先繳保證金。得標之後，也是在發行當日就可以拿到新公債。

政府、銀行或一般公開發行公司，為了資金需求，或籌措一年期以上的財源，往往以舉債的方式增加資金來源，且以債券發行作為投資人的保證。債券對投資人來說，是一種權利的保障，對發行債券的單位（政府、銀行或公司）來說，卻是一種義務的履行。

債券是一種權利證書，債票上通常會詳細記載債票的面額、票面利率、發行年限、還本或付息方式、發行單位及到期日等，以保障投資人的權益。債券是有價證券的一種，如同股票或受益憑證（基金）一樣，可以自由流通買賣。投資人買進債券，就如同借錢給債券的發行單位，對發行單位來說投資人就是債權人，可以享受債權人優先清償的權利；但不能享受股票投資人之股東權利。

投資債券一般可以享受兩種利得：第一是利息收入，投資人多少可以領取一些利息；第二是資本利得，債券可以自由流通轉讓。一旦債券奇貨可居，買進者意願強時，就可能產生資本利得，也就是買賣價差。

債券的種類有三種

債券依發行單位的不同可以分成三大類：政府公債、金融債券，及公司債。

一、政府公債

由政府所發行，債信等級最高。依中央政府及地方政府發行的不同，又可分成中央政府公債及地方政府公債。

1. **中央政府公債：**如第二高速公路建設公債，及重大交通建設公債等，都是屬於中央公債。

2.地方政府公債：如台北市政府建設公債，即是地方政府公債的一種。

二、金融債券

是由國內專業銀行或儲蓄銀行所發行，債信等級次於政府公債。如交通銀行金融債券或土地銀行金融債券等，都是屬於金融債券。銀行發行的金融債券，並非是銀行存款，萬一銀行倒了，並不在中央存保的保障範圍內。二〇〇七年中華銀行受到力霸集團掏空案的影響發生嚴重擠兌。當時在中華銀行的存款戶，有受到中央存保的保障，但是購買中華銀行的金融債券就沒有保障。

三、公司債

是由國內一般公開發行公司所發行，債信等級依公司而有所不同，如台積電公司債、台達電公司債就是屬於公司債的一種。

債券依擔保方式的不同，也可以分成有擔保債券及無擔保債券兩者。目前國內擔保債券大都運用在公司債的發行方面，並依此分成有擔保公司債及無擔保公司債。當然，有擔保公司債的債信等級高於無擔保公司債的債信等級。

債券依付息方式的不同，亦可分成付息債券及零息債券兩種。付息債券可以半年付息一次、一年付息一次或到期一次付息，且又依利率的計價方式分成固定利率債券及浮動利率債券。政府公債大都為固定利率的債券。

債券依贖回方式的不同，可以分成可贖回債券及不可贖回債券。依發行期間的長短，又可分成長期債券、短期債券，甚至沒有到期日的永久性債券。依還本方式，則可以分成一次還本債券及分次還本債券。

債券種類的差異除了因發行單位而異，主要還是來自於發行條件的變化。投資人不妨依據個人投資偏好，以及資金運用的方式選擇投資標的。

公司債的種類

擔保方式不同	有擔保債券	無擔保債券
付息方式不同	附息債券	無息債券
利率的計價方式	固定利率債券	浮動利率債券
贖回方式不同	可贖回債券	不可贖回債券
發行時間的長短	長期債券、永久性債券	短期債券
還本方式不同	一次還本債券	分次還本債券

投資政府債券的方式

一、政府公債買賣斷

這種債券交易方式適合資金量大，且以長期投資為目的的投資大戶。由於買賣斷市場每筆成交金額較大（通常為五千萬元），一般小額投資人資金不足，不適合進場投資長期買斷公債。這類型的投資人，在債券行情好的時候即可以賺取買賣價差（也就是資本利得），在債券行情不好的時候，至少還有固定利率下跌時的利息收入，所以應以長期投資為主。

債券的買斷與賣斷交易是一種所有權的移轉，通常於約定成交後三日內辦理交割。投資人如果向交易商買斷一批公債，則交割時投資人在支付公債價款的同時亦可領到公債，這些公債投資人既可以帶回家放在保險庫裡，也可作任何其他用途，不必跟交易商約定什麼時候需要賣回給交易商，投資人可以長期持有公債到期。

投資人依規定每半年可領取利息收入，同時負擔可能產生資本利得或資本損失的風險，必要時也可再拿出來作附賣回週轉資金，或是賣掉獲利了結。

債券賣斷就是投資人賣出公債給交易商之後，於交割時可以取得賣出公債的價款，但同時也必須把公債交付給交易商。在未來的日子裡既不能再取回該批公債，也不必與交易商約定什麼時候再買回該批公債（即使再度買斷公債也不一定能領到同一批公債）。此後投資人不但不能再享受持有該批公債的利息收入，也不必再負擔持有公債可能產生的資本利得，或資本損失的風險。

由於公債在店頭市場上進行交易買賣時，並沒有集中報價的場所可以提供直接迅速的買賣價格行情，所以投資人可以透過電話方式，直接向交易商詢問買賣斷市場行情。在台灣，每日的《工商時報》或《經濟日報》等報紙都會揭露前日市場交易行情供投資人作參考。但這些資訊不是即時訊息，故僅能作為波段行情研判的參考，不能作為當日進出的依據。

二、債券附買賣回

附條件交易，又分為附買回及附賣回交易。

債券附買回交易是一種相當便捷的資金調度工具，投資人可將閒置的資金以債券附買回交易的方式作為資金週轉的工具，如此既可以靈活調度資金，又可以節稅。所謂債券附買回交易就是投資人依個人需要買進公債，並與交易商約定買進的天期，待到期日再將公債依原先約定的價格賣還給交易商。在這段期間內，投資人不但可以取得債券保管條作為憑證，也可享有這期間的利息收入。因為交易商將買回債券，所以不必負擔持有債券的風險。

我們以簡單的例子來說明。大家都有到銀行存款的經驗，買債券附買回如同到銀行存款一樣，銀行將依各人存款金額計算利息，當我們需要用錢的時候，就到銀行領錢。同樣的道理，到交易商買債券附買回交易亦可當作是把錢存在債券投資上，只不過債券附買回不同於銀行存款，不能隨時存取。投資人在買債券附買回交易前，必須算好什麼時候需要資金運用，決定一個到期日，再與交易商談妥利率。待到期日一到，交易商就會把本金及這段期間的利息匯入投資人的戶頭裡面。

交易商的債券附買回交易不是純粹的存款業務，而是用債券當作擔保品，而且這些擔保品一般是由第三者——保管銀行負責保管，以保障投資的安全性。投資人在交割的時候，亦可拿到一份保管憑證。整體來說，投資債券附買回交易的年平均利息收入，不但高於同期間的銀行活期存款利息收入，而且免稅。

債券附買回交易必須事先約定一個到期日——即約定買進的天期，但有時候投資人亦可能因為突發事件，或者是股市轉好想進場買股票而急需調度資金，此時就可以在需要資金的前一天告訴交易商。如果是買進股票，則可以在買進股票的次一個營業日告訴交易商所需資金的多寡，以便辦理提前解約。

政府債券的投資策略

政府公債價格的漲跌，既是投資公債利潤的來源，同時也是風險發生的源頭。公債的價格與利率通常是呈相反方向變動，因此投資政府公債的利潤與風險，可說都來自利率的漲跌。投資人買進公債之後如果利率下跌，則將有資本利得並產生投資利潤；如果是利率上揚，則將有資本損失，產生投資虧損。因此，研判利率走勢可說是投資政府公債的必修課程。

研判利率走勢，當然需要先蒐集並分析各項影響長、中、短期利率的因素，才能作出正確的判斷並掌握投資契機。換句話說，在對利率做了分析及研判之後，接著再根據未來的預測擬定不同的投資策略。

1. **當預期利率下跌時：**投資人可以在公債利率下跌平穩後，或即將反轉向上前，將買入的公債賣掉，以賺取資本利得。在利率下跌的過程中或即將下跌前，投資人如果急需資金週轉，但又捨不得將手上的公債賣掉，即可先以短天期附賣回方式向交易商融通資金，等到利率下跌平穩，或即將上揚時，再出售手上的公債，並將所得的價款償還向交易商附賣回所取得的本金及利息支出。

2.當預期利率下跌的幅度大且時間長時：不妨將手上所持有期限短的公債換成期限長的公債，因為期限長的債券價格波動的幅度較大，投資人可以賺取更多的資本利得。一般而言，票面利率低的債券比票面利率高的債券價格波動的幅度會更大。此外，投資人也可以選擇票面利率的公債作為優先投資的標的，必要時將票面利率高的公債換成票面利率低的公債，以在利率下跌後賺取更多的資本利得。

3.當預期利率上揚時：投資人應該賣出手上的公債，並在利率上揚高檔盤旋後，或即將反轉向下前，再買回原先賣出的公債，如此即可規避公債因利率上漲所產生價格下跌的損失。當然，投資人在賣斷公債之後，亦可將所得價款以附買回方式暫時買進公債，享受固定的利息收入，並規避持有公債的風險。

4.當預期利率上揚趨勢形成，投資人仍須握有公債部位時：當預期利率會上揚時，投資人最好完全不持有任何一張公債，如果一定要持有公債部位的話，最好也能將手上的公債換成風險低的債券。也就是說，將未到期年限長的公債賣掉，換成未到期年限短的公債，因為到期年限短的債券價格波動（上漲）的幅度小，投資人價差的損失也較小。另外，手上票面利率低的公債亦須賣掉，並換成票面利率高的公債，以減少損失。

總之，看多時買進票面利率低、未到期年限長的公債，以增加投資收益；看空時則持有票面利率高、未到期年限短的公債，以降低投資風險。

可轉換公司債

公司債發行一段期間後得轉換為普通股者，稱為「可轉換公司債」。可轉換公司債一旦轉換成普通股，即不得再轉回為公司債。可轉換公司債與普通股之變換比率稱為轉換比率，轉換公司債面額除以轉換比率稱為轉換價格，普通股每股市價乘以轉換比率則為轉換價值。

由此可知，轉換比率越大則轉換價格越小，轉換價值則越高。可轉換公司債持有人，通常於普通股股價上漲時會向發行公司要求轉換；但也有部分持有人仍願意繼續持有，每年領取固定的利息收益。有些可轉換公司債付給持有人固定的債息，有些則沒有；因為持有人有權決定是否轉換為普通股，俾享受公司盈餘之分配，故公司可以用較一般債券低的報酬條件發行可轉換公司債募集資金。

1. 可轉換公司債的優點：投資人在公司業績尚未臻理想時，不妨持有可轉換公司債，以債權人身分領取固定利息，如此安全性較高；待公司業績進入佳境再將其轉換為股票，便可享受優厚股利及其他股東權益。

可轉換公司債市場價格之下限

⇨ 可轉換公司債之計算方式

例如某公司發行利率0%（大部分可轉債的票面利率為0%）之可轉換公司債（每張面額10萬元），其轉換價格為50元，即每張可轉換公司債可轉換2000股。

100,000元÷50元＝2000股

假如某一為投資人付出10萬元，買進一張可轉換公司債，兩個月後該公司的普通股每股市價為70元，則該可轉換公司債之轉換價值即為14萬元，投資人獲利4萬元。

70元×2000股＝140,000元
140,000-100,000＝40,000元

即為公司債之市價，上限即為股票之市價，亦隨發行公司股價上升而上升。因此，可轉換公司債不但保本性較股票強，亦可與股票同樣享受漲價之差價利益，是投資人保本生息時最好的投資對象。

當可轉換公司債的轉換價格低於普通股市價時，投資人即可買進可轉換公司債，放空普通股以進行套利交易。可轉換公司債是否轉換、何時轉換，完全由持有人自行決定。買賣可轉換公司債的手續，與集中交易市場買賣上市股票完全相同。

2.可轉換公司債的操作策略：一般投資可轉換公司債者，可分為著眼於轉換股票的利益，也就是資本利得的利益，以及著眼於可轉換公司債本身的利息收益，也就是可轉換公司債的利率（指投資債券至到期日這段時間的報酬率）兩者。其中前者的轉換利益越大，代表轉換成普通股的差價利益越大，越具投資價值；後者則債券殖利率越高，代表報酬率越高，也越具投資價值。

由於集中市場可轉換公司債的市價往往會落後股價表現，故較適合一個月以上的中長期投資人，並不適合短線進出。尤其想要長期投資股票的投資人，更可以折價買進可轉換公司債，等股價上漲後，再將可轉換公司債換成股票，以賺取其中的差價利益。

如果著眼於轉換股票的利益，則應以轉換利益越大的可轉換公司債為標的；若是著眼於持有債券到期後的利息收益，則應選擇殖利率越高的債券。另外，著眼於轉換股票利益的投資人，除了選擇轉換利益大的可轉換公司債外，更應注意該股票市價與轉換價格間的關係，慎選普通股市價與轉換價格接近的可轉換公司債投資。

6 擬定完善的購屋計畫

大多數成家後的年輕人多希望早日擁有屬於自己的住家。然而隨著房價日益飆漲，天價般的房子的確令人望而卻步，因而買間坪數適中、地點佳的住屋便成為年輕人努力的目標。其實，買一個「殼」並不難，重要的是事前的購屋計畫及本身可實現的購屋能力。基本上，你一定要有錢或具備賺錢的能力。不論你現在手上的錢是五、六十萬元，或一、二百萬元，只要有購屋計畫並有消費型態大幅調整，你的購屋夢便可以慢慢實現。

在台灣，房地產市場變化極大，尤其若遇上大幅通貨膨脹時，房地產往往成為人們規避風險的最佳途徑，因為房地產本身具有保值功能；反之，若遇政治不穩定時，房價往往也會順勢下滑，此時即是投資進場的時機。

雖然隨時都可以買到房子，然而好機會卻是稍縱即逝，多少人曾為了一時的猶豫錯失購屋機會而懊悔！投機買進房地產不應心存僥倖，房屋交易由於金額龐大且有其景氣循環週期，若非遇到空前的大多頭行情，要想快速獲利必須精打細算。但如果是站在長期投資的角度，在國人「有土斯有財」的觀念下，買進不動產，確實有保值的功能。

要從事房地產的投資，除了詳加分析投資目標的市場狀況外，更須保持「冷靜」的態度。景氣有高峰也會有谷底，只是時間長短有別。經過冷靜周詳的分析研判後，還需要有足夠的勇氣去執行，勇敢地介入或毅然地退出，千萬不可徘徊猶豫，導致錯失良機。我們常聽到這樣的話：「早知道漲這麼多，一年前買下不就賺了！」或為自己的少買感到遺憾、懊惱，因此不免期待房價下挫，結果是喪失更多的機會，年復一年，房子還是沒買成。

房子是人一輩子最重要的資產，因此安全無風險最重要。在九二一集集大地震倒塌的房屋當中，絕大部分都是鋼筋混凝土（RC）的建築，使得大家開始感受到鋼骨鋼筋混凝土結構（即SRC建造）建築物較為耐用。這是因為鋼骨結構建物施工為鋼骨外層另外配鋼筋並灌漿，並另外做保護層，且鋼鐵材料品質較為穩定，再加上鋼骨結構的樑柱接頭處理要比鋼筋混凝土造容易許多，所以大致上鋼骨結構的耐震力是要高過鋼筋混凝土造建築。

不過一分錢一分貨，鋼骨結構建物的造價大約較同一高度的鋼筋混凝土建物造價貴約四成左右，所以國內目前還是以高樓採用鋼骨結構建造較為普遍。但經過九二一大地震的洗禮，未來鋼骨結構的建物應該會日趨普遍。

大部分受薪階級都有相同的感受，即「儲蓄永遠跟不上房價的漲幅」，因此許多人的觀念是先存一筆錢再考慮買房子。遺憾的是，存錢的速度永遠趕不上房價的跳升。因此，以房地產長期看漲的趨勢來看，只要買對房子，隨時都是購屋良機。

開始擬定購屋計畫

決定購屋計畫是購屋者的一個重要關鍵。許多人由於過分細心保守，及非有一筆龐大金額才購屋的想法作祟，導致購屋夢想成為一直懸掛在心中的遺憾。購屋計畫執行後，個人的財務壓力固然會加大，若夫妻雙方皆有收入，可以一方的薪資作為房貸基金，另一方的薪資則負擔基本生活上的費用及額外的支出或作為儲蓄用。落實計畫後，經濟上即會趨於緊縮，但若能實現購屋計畫，那種過程將會令人十分

購物時考量的原則

人 1.家裡人口數 2.居民素質	事 1.工作 2.學校（中小學） 3.市場，商場 4.交通便利性	時 1.通勤時間 2.未來發展 3.年老退休 4.貸款問題
地 1.地區，地點 2.地形，地貌 3.天然災害 4.生活環境 5.出入通道	物 1.建物種類 2.建物品質 3.坪數，房間數 4.車位 5.廚衛設備	6.視野 7.格局，方位 8.屋齡，價格 9.契約 10.建商商譽

踏實，很有成就感。

第一次購屋者不妨考慮由郊區買起，再逐漸轉移到市區來。這是因為郊區的房價較便宜，不妨等第一棟房子增值，且另一方面亦累積足夠的資金後，再考慮購買市區高格調且地點好的房子。很多想買房子卻遲遲買不到房子的無殼蝸牛，在想購屋計畫時都犯了一個共同的毛病，即是以市區市價的房子作為衡量購屋能力的標準。

根據許多人的購屋經驗，第一次購屋不可能買到百分之百完美的房子，因此第一次購屋時不妨選擇房價較便宜的郊區下手，之後再慢慢「騎驢找馬」；抱著完善的藍圖「按圖索驥」，恐怕找到老也找不到。況且買房子也要學習曲線，一般剛出社會的新鮮人想要一步登天，買到理想的房子是不大可能的，除非你有個富爸爸支持你。

有了房子心裡自然踏實得多，不必憂慮房價何時再大漲。一旦房價上漲，自己手中的房子也會跟著上漲，隨著逐年增加的收入，幾年後即可換個離市區較近或較大坪數的房子。這種跳躍式由遠而近、由小變大的購屋策略，不僅可以避免房價大漲時手中資金變薄，還可以節稅。土地稅法中明文規定，重購自用住宅符合規定者可以退還土地增值稅，因此若由土地公告現值較低的郊區買起，待幾年後購屋資金充裕時再買公告現值較高的市區房子，只要計算得法，每一次交易的大筆土地增值稅皆可退回。若由市區轉進郊區，因市區土地公告現值較高，想退稅可就不容易了。

購屋地點的考量

以自住為主的購屋人，則應將居住環境列為最重要的考慮項目。大部分自住型購屋人通常在所欲購買的房子附近察看之後，若無發現不良居住因子就會決定購買。這種近似走馬看花的勘察方式其實並不周延。例如：欲購屋者發現建商新開發社區周圍有一片綠地，看來不失為理想的居住環境，結果這些綠地竟是汙水處理廠或焚化爐的公共設施用地，豈不大殺風景？

考量居住環境時，若只觀察目前發展的情形是不夠的，還應該掌握都市計畫和分區使用規定。尤其政府正如火如荼地展開各項區域開發計畫，有些民間私有地可能被徵收，因此最好詳閱該地區的都市計畫圖以策安全。

尤其購買預售屋的民眾更應注意，最好在訂約之前詳細查閱該工地附近土地的使用區分，以免發生上述現象，嚴重影響到居住品質。建議你可前往各地政府工務單位都市計畫閱覽室免費查詢，如須影印計畫內容，只要付工本費即可。

只要購買的房子附近無影響居住品質的公共設施，第一關就算通過。接著要注意的就是發展的前瞻性。

由於都會區內大面積可建設開發的土地已相當有限，建商乃朝郊區及山坡地進行開發，這種大面積的開發工作動輒上萬坪，戶數少者百戶，大者上千戶。這些新建的大型住宅社區，各項公共設施均相當完善，例如社區游泳池、公園、運動場及社區安全管理制度，居住品質可謂良善。

但這類房屋也有不利投資的潛在因素。因為這類住宅多位於郊區，數量龐大，施工期長，預售期間投資型的購買人比率相當高，待工程完成，其間轉手的次數亦多，以致行情不易升高，須等些時間待完全消化後才有增值空間。

購屋的動機不外自住及投資兩大類。實際上，自住型購屋亦含有若干投資的成分，因為即使是基於自住的動機而購屋，除了注重居住的環境外，當然也希望所買的房子能增值。而投資型的購屋人動機雖非自住，但在評估投資價值時，亦會選擇居住環境優良的房屋以提升增值性，這與自住型的購屋動機並無二致。

如何尋找自住、投資兩相宜的房子呢？以下幾個條件可供參考：

一、文教氣息濃厚地區

都會區內的房地產只要位於升學率高的學校學區內，往往成為爭購的對象。這些升學率高的明星學校學區內的房子之所以如此搶手，不僅基於子女升學問題的考量，文教區也是非常適合居住的地段。

二、公共設施完善地區

擁有便捷的交通設施，及公園、綠地多的地區，不僅居住環境品質佳，房地產的增值性亦強。這類型住宅不僅適合自住，也是極佳的投資標的。

三、傳統的高級住宅

這些地區的居民素質較高，大都屬於企業負責人、高級主管、醫生、會計師等中上收入的階層。這些高級住宅開發時間早，已無多餘的空地可發展，加上居民經濟能力強，不會輕易轉手，因此市場供給量稀少，房價自然也就易漲難跌。

除了地段的選擇外，同樣的地段也有不同建築物，一般購屋者可考量的因素如下：

1. 格局、採光、通風、視野：
   ①注意建築物的建築型式、棟距
   ②注意窗子的型式、大小、顏色、厚度、氣密
   ③管道間、柱位、樑位、樑深、樓高、淨高
2. 門、廚具、衛浴設備
3. 建材：外觀、管線材料

4. 停車場車道斜度
5. 安全設施
6. 公共設施，省能設施

選擇購屋時機

由於台灣土地資源有限，人口密度高，再加上所能運用的投資管道仍有限，隨著經濟的發展及國民所得的增加，財富的累積亦不少，故就長期的眼光來看，房地產仍有上漲的空間。若著眼於保值而欲購入房地產的話，就必須對房地產未來的走勢、市場供需的變化，以及選擇有利的地段做好購屋的事前規畫。

儘管如此，一般人在手中有了一筆閒錢，準備伺機進入房地產市場時仍然不禁要問：到底什麼時候才是最佳的購屋時機呢？這是一個相當惱人的問題。但是，最令人困惑的問題亦能抽絲剝繭，理出脈絡來。購屋的時機是永遠存在的，只看你如何選擇罷了。

以台灣房地產發展的情況為例，由於房價一直呈現漲多跌少的走勢，因此只要一個地區的自用型房屋價格跌破該地區原有行情的二成，就無須再猶豫，因為機會稍縱即逝，也許要很久才能再來。也許你會顧慮房價要是再下跌呢？這種可能性不是沒有，但卻極低。以近十幾年來的房價走勢來看，幾乎找不出有哪一個地區的房價跌幅超過三成的，這就是台灣房地產的特性——漲多跌少。

即使房地產價格漲多跌少，幾乎一本萬利，但是房地產可不像股票，行情不好而長期持有不僅沒有股利或分紅，還得承擔貸款的利息支出以及房屋的折舊、地價稅與土地增值稅等。所以持有房地產必須建立正確的觀念價格：不漲就是賠。基於這種認識，選擇進場時機就極為重要。

如何判斷房地產市場成長的景氣與否，以選擇進場時機呢？此時你可以採用「七率」作為景氣變化的指標，即經濟成長率、利率、貨幣供給率、通貨膨脹率、人口成長率、銷售率及空屋率。

1. **經濟成長率**：一個國家的經濟成長率若大幅且持續上漲，房地產市場自然跟著水漲船高。民國七十四到七十九年台灣經濟成長率分別高達十二．五及十一．六，那些年亦是房地產飆漲最厲害的年代。這種情形也發生在鄰近國家，各國的房地產價格亦隨著經濟成長而呈現明顯的上漲走勢。

2. 利率：絕大部分購買房地產的人都是利用銀行貸款來籌措資金，因此房貸利率的高低不但影響購屋成本，也直接影響到房地產景氣的榮枯。利率是影響房地產價格漲跌的第一項指標，民國九十三年開始房貸利率不斷走低，甚至跌到年息百分之一左右，此時也正是台灣房地產最景氣、成交最暢旺的時期。相反的，當房貸利率持續上揚，貸款利息增加，房地產自然步入衰退期。

3. 貨幣供給率：貨幣供給增加代表民間資金流動大。資金不願待在利率低的金融體系中，於是轉而流向獲利高的市場，房地產自然成為選擇的標的。這可由民國七十六到七十七年貨幣供給率不斷增加，導致國內股市、房地產雙雙上揚得到佐證。

4. 通貨膨脹率：房地產是對抗通貨膨脹的工具，當所有物價上漲，貨幣購買力降低，一般民眾為了保值，搶進房地產，推升房價高漲。民國九十八年國際原物料暴漲，台灣也面臨通膨壓力，此時台灣房市居高不下。

5. 人口成長率：人口成長的因素可分為自然成長和移入兩種，不管以哪一種方式成長，對房市的顯著影響仍是需求增加。尤其若移入人口增加迅速的話，對房地產的影響也就越大。

6.銷售率：銷售率是指預售屋的銷售率而言。銷售率未達三成，建商的投資成本自然收不回來；通常半年之後如果銷售情況沒有改善，則勢必被迫降價，行情自然下滑。銷售率若維持在五成左右，表示市場供需平衡，價格大致會維持在一定水準。一旦銷售率突破七成，建商的開發成本已經回收，市場需求亦顯熱絡，價格只會繼續攀升，不易下跌。

7.空屋率：空屋率高自然形成房價下跌的壓力，反之亦然。過去國內房地產市場一再出現每隔七年左右就有一波大漲行情的現象，頗值得投資人玩味。國內房地產價格的變化不像國外取決於市場的供需關係，而是帶有濃厚的投機色彩。在房地產循環週期裡，由於社會大眾自用的需求增加，再加上通貨膨脹的預期心理，促使大眾將手中資金轉而從事短期投資，期望轉手之間獲取差價，這些原因都會刺激景氣逐漸復甦。

根據資料顯示，房地產市場的榮枯是有週期性的，並且此週期因地而異。每一地區皆有其週期，而週期的長短和變化的幅度則各不相同。大環境左右房地產市場的供需，供需的變化又形成了市場的週期。台灣房地產市場大概每七年左右就會出現一波價格大漲，但是這種大漲屬於獨特的台灣模式，不像國外房地產價格往往取決於市場供需的變化。以過去三次房地產景氣為例，導致房地產價格暴漲的原因並不是自住型房屋的需求，而是基於對抗通貨膨脹的保值心理，及投機賺取差價的因素。

若某一地區經濟繁榮而造就了許多就業機會，大量人口便會自外地湧入，住宅的需求於是急速增加。一旦房價水準和民眾的購屋能力接近時，最先進場者往往為自住型購屋人，這些自住型的購買行為通常會促使房市逐漸步入成長期。

緊接著，許多反應靈敏的投機型購屋者發現自住型購屋需求強勁，於是立刻跟著進場，房價在這批投機客的推波助瀾下因此節節上揚。這種走勢若持續發展下去，定能為房地產市場創造一波景氣的高峰期。之後，一些慢半拍的投資者以及仍在觀望的自住型購屋人眼見房價上漲迅速，唯恐趕搭不上，於是紛紛搶進。由於這批（可能是最後一批）購屋者進場，故房價還有一波表現。自住型需求一旦不再持續，房價自然失去往上推升的動力。

房地產市場景氣過熱時，政府機關主管單位亦會採取一連串的降溫行動，以抑制被炒熱的房地產市場，諸如：調高利率、暫停建築融資，或空地貸款等，這些行政措施往往極具冷卻作用。此外，隨著市場吸金能力轉弱，空屋率上升，建商也開始踩煞車，於是房地產進入不景氣期。

市場景氣步入衰退之後，位於市場假性需求較嚴重區域的房地產，由於投機性購屋人爭相拋售，房價逐漸回跌，此時這種回軟趨勢又會加重購屋者預期低價的心理，市場於是呈現一片低迷，從高峰跌至谷底，約有二至三成的幅度。

在一波波房地產景氣期之中，一些資金不足、未能進場的購屋者只好加強儲蓄能力，並運用各種方法累積自有資金。經過若干年後，當大部分民眾手中的資金接近房價水準時，自住型的購屋者又開始進場，市場吸收能力於是漸漸增強，開始消化現在的商品，於是房地產市場進入復甦期。如經濟成長基礎夠堅強，未來甚至可以締造一波更強勁的房地產景氣走勢。

7 房貸的選擇要慎重

一般的上班族收入有限，手頭上多餘的資金不多，因此買房多要靠銀行的貸款。不論購買預售屋或成屋，都應知道銀行對於該房屋的放款額度估價。另外選擇貸款的種類和方式，也是貸款戶應注意的事項。

一、銀行房貸估價要點

成屋由於馬上就能提供抵押品，因此較能使銀行放款額度提高，滿足自己的需要。預售房屋的建築商往往希望取得較多的週轉資金，乃盡量降低貸款金額。因此，購屋者應先預估可能的貸款金額，再據理力爭。

不論哪一種形式的貸款，通常額度最高都只到鑑價（平均市價）的七成（自住型房貸加上理財型房貸的額度最高可到八成左右），土地最高借六成，期限則為二十至三十年。購屋貸款因為金額相當高，為了減輕收入不是很豐厚的借款人負擔，多數銀行都會給予三到五年的寬限期，其中每月只須先繳利息，不必攤還本金。

根據財政部公布的「銀行擔保品處理準則」規定，銀行對房地產放款額度估價，可分為土地與建物兩部分：

1. **土地：**銀行對土地部分的放款額度事先估計出「估價金額」，再乘以放款率。

估價金額＝（每單位時價×面積）－應計土地增值稅

「每單位時價」，通常依附近地區土地買賣價格或公告現值而定。某些銀行對經政府機關標售之土地，其時價可依標售價格估價。新建房屋可以不必扣減土地增值稅。

放款值＝估價金額×放款率

某些銀行規定土地放款率最高為九成，但有些銀行將放款率放寬至全額（100%）。

2.建物：與土地相同，銀行對於建物的放款額度也是先估計出「估價金額」，再乘以放款率。土地銀行對於建築物估價則有「加價規定」。

估價金額＝（每單位時價×面積）－估計折舊額

「每單位時價」可以依據台北市銀行工會頒布之「建物估價最高標準」作為估價基礎。折舊額可依建築物耐用年限，與已使用年數之比率作為折舊率，折舊率乘以時價即可求出折舊額。

折舊額＝（每單位時價×面積）×已使用年數÷耐用年限

求出估算金額之後，乘以放款率，即可求出建物放款額度。

放款額＝估計金額×放款率（最高八成）

求出土地及建物的放款額之後，兩者相加可以估計出房屋的放款額度。站在銀行的立場，客戶提供的擔保品價值越高，放款金額越少，當然越有保障。因此了解上述計算方法，即可在合理範圍內要求提高放款額度。俗話說「貨比三家不吃虧」，因此多找幾家銀行估價，看看那家銀行利率較低、放款額度較高、期限較長再做決定。當然別忘了試一試土地銀行，因為土地銀行對於建築物估價有「加成規定」，或許能夠滿足你的要求。

二、銀行房貸的種類

房屋貸款又分為「自住型購屋貸款」與投資型的「理財型房貸」兩種。前者是指購屋時將房地產抵押給銀行借錢支付房價，然後分期逐月攤還本金，而後者則是以房地產為擔保品，是類似透支性質的貸款。

由於購屋貸款的資金用於買自住的房地產風險較低，因此額度通常較高些，利率也較低。但投資型（理財型房貸）的資金由於常有他用，所以不僅成數低，利率也高些。

1.自住型購屋貸款：我們常聽專家說，購買不動產的三大要訣不外乎「地段、地段、地段」，寧可選擇好地段的爛房子，也不要買爛地段的好房子。況且，雖然是自住，但是隨著年齡及收入的增加，往後換屋的機率亦將大增，如果現在買的房子具有抗跌、增值的潛力，對於將來脫手或出租獲利將大有助益；因此，買房子也要隨著個人的成長做「屋涯規畫」，才算是較為完整的購屋計畫。

決定購屋後，不妨先以電話洽詢相關細節，再至工地實際走一趟感受其環境及通勤距離，最後再決定貸款的問題。

至於在銀行貸款之外的公司貸款、信用貸款又是怎麼回事呢？原來，建設公司為了提高成交意願，特別在銀行貸款之外又以本身財力提供購屋人總價百分之十到二十之間不等的公司無息貸款，但此一款項須在一至三年內還清。也就是說，交屋後的一至三年內除了每月攤還原有的銀貸之外，又必須再加上還給建商的公司貸款。因此購屋人應先衡量未來是否可負擔如此還款壓力，才不致被利息壓得喘不過氣來。

另一方面，新成屋市場因建商欲出清及競爭激烈之故，其付款條件已預售化，甚至建商在提供高成數銀貸之外，又自行提供消費者「公司貸款」，或者免自備款、十元交屋或身分證交屋的促銷手段。相較於預售屋看不見的風險性，新成屋預售化的付款方式及已完工可供檢驗的特點，似乎較預售屋來得好。以一般年輕人的經濟能力及目前業者所提供的付款條件來看，總價六百萬元以下的新成屋是較為合適的。

依應備自備款的比率，目前市場上可有中古屋、新成屋及預售屋等三大產品。一般情況下中古屋約為百分之四十，預售屋約為百分之十，新成屋則為百分之三十。因此，依上述條件再以自備款一百萬為例，可選擇的有總價為二百五十萬的中古屋、總價為一千萬的預售屋，以及總價為三百三十萬元的新成屋。

籌措購屋款項除跟會、向親友借貸之外，其他貸款方式大致上分為：

1. 政府所提供的國宅、勞宅、公教、輔助人民貸款自購等低利優惠貸款。
2. 銀行所推出的一般房貸。
3. 壽險保戶可享的郵局、保險公司房貸。
4. 銀行所推出具附加價值的理財型房貸，及附加壽險或意外險的房貸。
5. 建商所提供的公司貸款或信用貸款等。

房貸是甜蜜的負擔

6.其他消費性或信用貸款。

尋找貸款來源時切記不要怕麻煩，務必事先做好完善的財務規畫。找銀行時要貨比三家不吃虧，並詳記其相關規定。

2.循環性房屋貸款：所謂循環性房屋貸款又稱為理財型房貸，也就是以房地產為擔保品向銀行貸款。循環性房貸使個人的不動產成為一筆隨時可運用的靈活資金，進而把握每一個投資機會，不斷創造人生財富。

循環性房貸的優點如下：

①一次辦足額度，平時可備

而不用，不動用就完全免付利息；一旦有投資機會或需要週轉時隨時可動用額度，不必另辦手續或通知銀行，方便有效率。

②提供支票本使用，動用額度時只須開支票即可，這筆準備金將真正成為你隨身攜帶的資金。

③動用時按日計息，隨借隨還，節省利息，資金調配最穩當。

④繳付利息或還款時，可利用銀行帳戶辦理自動代繳，或是以電話立即轉帳、預約轉帳。

⑤每年自動續約，資金來源穩當，方便又省時。

假定林先生住在台北市，是一位已婚的都會上班族，他的房子經鑑價為八百萬，並取得循環性房屋貸款額度六百萬。在一次很好的短期投資機會中，林先生以支票用了二百萬，則他只要按日支付這二百萬元的利息，其餘未動用的四百萬額度不但不用繳交利息，而且可隨時動用。一個月後，林先生的投資成功獲利了結，將二百萬存回循環性房貸帳戶，額度立即恢復至六百萬，同時不必再付利息。

運用這筆可隨時支用的準備金，林先生將可在每一個創造財富的機會中不斷累積可觀的收益。

3.第二順位房貸：目前國人要想擁有一棟屬於自己的不動產大都需要貸款，許多上班族或雙薪家庭更是將畢生積蓄用來購置房子，甚至要兩代的積蓄才能完成購屋計畫。借款人每月薪水大部分都用來繳房貸，再扣除家庭必要開支後，所剩已不多。如果想做投資或家中臨時有急用，情急之下只好向親朋好友開口，或向地下錢莊週轉。

目前國內已有少數銀行針對上述有房貸壓力的客戶推出了第二順位房貸，讓有房貸者在臨時需要資金時可以一屋二貸，取得所需資金。

以中信銀的二順位房貸為例，只要第一胎貸款繳款超過一年，房屋為自住、個人金融紀錄往來良好，不須鑑價即可申貸萬元，申請亦非常方便，僅須利用傳真即可。有關貸款辦理時間，也僅需三至五個工作天；若屬於緊急案件，作業時間還可短到三個工作天以內。

目前，銀行辦理的二順位房貸其貸款年利率較一般房貸高，但還是低於民間貸款水準以上，貸款額度也可高達一百五十萬元，貸款期間則最長為七年；與民間二胎貸款相比，不但客戶利息負擔輕鬆，還可避免民間借貸所發生的風險。

有些銀行的二順位房貸除了有一般每月定期定額攤還本息的方式外，還有可隨借隨還、不貸款時不計利的循環透支方式，讓客戶能依本身需求選擇最適合的動用方式，是相當好的設計。已有房貸的人在急需用錢時，不妨找有承辦二順位房貸的銀行，不需要保人就能讓你的不動產發揮最高功效。

購買預售屋注意事項

過去屢有不肖建商存心欺詐，或以誇大不實之廣告朦騙購屋者，使預售制度為人所詬病。經過房地產多次的景氣循環，不肖業者已經逐漸淘汰，近年來此類情況改善許多。

對於建築商提供之廣告說明書，購屋者應注意下列事項：

1. **造型：**建築物的造型如同人之衣飾外表，造型優良之房屋，自然給人高格調的感覺。有人說：「預售房屋靠的是透視圖、鳥瞰圖等圖表在銷售」。此話雖是言過其實，卻也反映幾分實情。

對於廣告說明書中建築物造型之外飾材料（二丁掛、一丁掛、馬賽克或其他建材）應予注意外，其他如陽台、一樓騎樓處理方式、門廳等均應留意。對透視圖購屋者應注意：

①門廳入口處採用三樓挑空大拱門，四樓部分之露台面積多少，歸屬公共設施或頂樓面積。

②正面屋頂皇冠般的尖頂閣樓面積多少，歸屬公共面積或頂樓面積。

③尖頂閣樓面積及產權歸屬。

2. 建材：通常廣告說明書均附有建材表。購屋者除了留意建材優劣之外，尚應檢查是否有所遺漏。若有漏列材料，簽約時應補列入合約書中。

3. 附屬設備：建築商為了促銷房屋，可能在空地上規畫游泳池、網球場等附屬設備。簽約時應將附屬設備之廣告內容於買賣契約中載明，且訂定建商未依約履行之罰責。

建築商於大樓或公寓地下室規畫俱樂部、媽媽教室等附屬設備，常為一種障眼手法，因為樓上必須負擔地下室坪數。因此，應將地下室附屬設備分攤坪數，乘以地下室每坪正常價位（通常為造價），予以分析比較。

4. 坪數計算問題：建設公司、建築主管單位、地政事務所、稅捐稽徵單位計算面積之目的不同，對房屋坪數計算方法也各不相同。購屋者往往在取得土地及建物所有權狀之後，才發現地政事務所所登錄之坪數與建設公司廣告說明書所標示之坪數有所不同。建設公司製作之廣告說明書往往加上「本資料僅供參考使用」之字樣，以逃避法律責任；更甚者，買賣合約書也附加「百分之二誤差互不相減帳」。

事實上，建設公司早已將其灌水計算方法所列計之短少坪數，控制在百分之二誤差範圍內，購屋者只有吃虧的份。購屋者為保障自己的權益，可以將百分之二誤差之條文劃掉，於合約書中注明「依地政事務所丈量登錄之坪數作為雙方實際買賣坪數；登錄坪數若與建商計算坪數有所誤差，應做加減帳處理」較為合理。

茲將建管處地政事務所建築公司對房屋面積計算方法之差異說明如下：

1. **建管處計算方法**：建築主管機關根據建築法規計算樓地板面積。依建築法第九十七條規定訂立之建築技術規則建築設計施工編第一章第一條規定：

①**建築面積**：建築物之外牆或其代替之柱中心線以內之最大水平投影面積。但地下層突出基地面未達一公尺者不得計入。陽台、屋簷、雨遮等突出建築物之外牆，或其代替之柱中心線超過一公尺時，應自其外線扣除一公尺作為中心線。

②**樓地板面積**：建築物之各層樓地板或其一部分，在牆壁或其他區畫中心線以內之水平投影面積。但不包括雨遮、陽台等部分之面積。

③**總樓地板面積**：建築物之各層，包括地下室、屋頂突出物及夾層樓地板面積之總和。

④**夾層**：夾於樓地板與天花板之樓層。同一樓層內夾層面積之總和，超過該層樓地板面積三分之一或一百平方公尺者，視為另一層樓。

⑤**地下層**：地板面在基地地面以下之樓層。但天花板高度有三分之二在基地地面上者，視為地面層。

⑥**閣樓**：在屋頂內之樓層。樓地板面積在建築物建築面積三分之一以上，視為另一樓。

2.**地政事務所計算方法**：地政機關所計算之房屋坪數，係以牆外緣到牆外緣之內的面積計算，與申領建造執照、使用執照之面積有所不同。原因在於，地政機關乃依實際丈量結果，作為建築物登錄面積。

①**建築物面積**：是從建築物之外牆的外緣算到建築物外牆的外緣。

②**附屬建物面**：即陽台面積。由外牆之外緣量至陽台外緣所得的寬度乘以長

度，算出附屬建物面積。

③共同使用面積：如果同棟建築物為兩戶以上，則共同使用的樓梯間、電梯間、水箱、變電室、機械室等面積，列入共同使用面積。

3.建設公司計算方法：建設公司通常亦由外牆中心線算到外牆中心線，但卻灌水加計陽台面積、公共設施使用面積，藉以擴大計算坪數，且於買賣合約書中加列百分之二誤差條文，藉以逃避法律責任。

另外要提醒購屋人的是，買房子除了所購房屋總價外，將來還必須繳納各項相關稅費，例如契稅、代書費、房屋稅、水電費、管理費、貸款的手續費等，這些都應列入購屋財務計畫的考量之中才行。

最後，建議大家，有錢的人要理財，沒錢的人更要理財，尤其是一般初入社會固定收入的薪水階層更須特別重視。理財可以讓錢變得有價值，也能衍生出更多的財富，提升自己的生活品質，值得大家把它當成一輩子的工作。

買賣房子的其他費用

	型態	應繳稅費	移轉時繳納方	
			買方繳納	賣方繳納
不動產相關稅費	動態稅費	契稅	◎	
		印花稅	◎	
		登記規費	◎	
		設定規費	◎	
		土地增值稅		◎
		財產交通所得稅		次年申報綜合所得稅時繳納
		遺產稅	繼承人	
		贈與稅		贈與人
	靜態稅費	地價稅	依交屋日為準按比例分攤	
		房屋稅		
		工程受益費（台北市自民國78年起停繳）		◎
間接相關費用	產權移轉費用	塗銷登記代費		◎
		過戶登記代書費	◎	
	貸款相關費用	設定登記代書費	◎	
		謄本費	◎	
		徵信查詢費	◎	
		火險費	◎	
	其他費用	水電、瓦斯、管理費等	依交屋日為準按比例分攤	

附錄

從每月餘額選擇投資工具

每月餘額	建議投資工具
1000～3000元	1.銀行零存整付 2.民間標會 3.高收益債基金
3001～5000元	1.定期定額 2.債券或股票型基金
5001～10000元	1.定期定額 2.股票型基金
10001～20000元	1.股票 2.單筆股票型基金
20000元以上	1.股票 2.股價指數期貨 3.預售屋

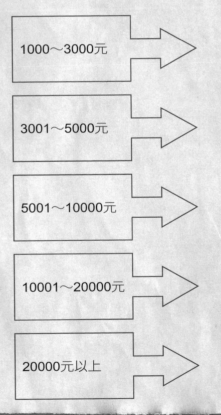

國家圖書館出版品預行編目資料

工作第一年就能存到錢的理財方法——完全搞懂存款、省錢、投資的祕訣／張真卿作 . -- 初版 .-- 臺北市：春光出版：家庭傳媒城邦分公司發行, 民101.09
面；　公分

ISBN 978-986-5922-03-0（平裝）

1. 理財　2.投資

563　　101015450

工作第一年就能存到錢的理財方法（暢銷經典改版）

——完全搞懂存款、省錢、投資的祕訣

作　　者／張真卿
企劃選書人／林潔欣
責 任 編 輯／林潔欣、何寧

版權行政暨數位業務專員／陳玉鈴
資深版權專員／許儀盈
行 銷 企 劃／陳姿億
行銷業務經理／李振東
副 總 編 輯／王雪莉
發　行　人／何飛鵬
法 律 顧 問／元禾法律事務所　王子文律師
出　　　版／春光出版
台北市104中山區民生東路二段 141 號 8 樓
電話：(02) 2500-7008　傳真：(02) 2502-7676
部落格：http://stareast.pixnet.net/blog
E-mail：stareast_service@cite.com.tw
發　　　行／英屬蓋曼群島商家庭傳媒股份有限公司城邦分公司
台北市中山區民生東路二段 141 號 11 樓
書虫客服服務專線：(02) 2500-7718 / (02) 2500-7719
24小時傳眞服務：(02) 2500-1990 / (02) 2500-1991
讀者服務信箱E-mail: service@readingclub.com.tw
服務時間：週一至週五上午9:30～12:00，下午13:30～17:00
劃撥帳號：19863813　戶名：書虫股份有限公司
城邦讀書花園網址：www.cite.com.tw
香港發行所／城邦（香港）出版集團有限公司
香港灣仔駱克道 193 號東超商業中心 1 樓
電話：(852) 2508-6231　傳眞：(852) 2578-9337
E-mail : hkcite@biznetvigator.com
馬新發行所／城邦（馬新）出版集團【Cite (M) Sdn Bhd】
41, Jalan Radin Anum, Bandar Baru Sri Petaling,
S57000 Kuala Lumpur, Malaysia.
Tel: (603) 90578822　Fax:(603) 90576622
email:cite@cite.com.my

封 面 設 計／萬勝安
內 頁 插 畫／徐思文
內 頁 排 版／極翔企業有限公司
印　　　刷／高典印刷有限公司

■ 2012 年（民 101）8 月 28 日初版
■ 2021 年（民 110）4 月 29 日二版1.3刷

Printed in Taiwan

售價 / 300元

城邦讀書花園
www.cite.com.tw

ISBN　978-986-5922-03-0

廣	告	回	函
北區郵政管理登記證			
台北廣字第000791號			
郵資已付，免貼郵票			

104台北市民生東路二段141號11樓

英屬蓋曼群島商家庭傳媒股份有限公司
城邦分公司

請沿虛線對折，謝謝！

愛情．生活．心靈
閱讀春光，生命從此神采飛揚

春光出版

書號：OS2006X **書名**：工作第一年就能存到錢的理財方法（暢銷經典改版）

請於此處用膠水黏貼

讀者回函卡

謝謝您購買我們出版的書籍！請費心填寫此回函卡，我們將不定期寄上城邦集團最新的出版訊息。

姓名：________________

性別：☐男 ☐女

生日：西元________年________月________日

地址：________________

聯絡電話：________________ 傳真：________________

E-mail：________________

職業：☐ 1. 學生 ☐ 2. 軍公教 ☐ 3. 服務 ☐ 4. 金融 ☐ 5. 製造 ☐ 6. 資訊

☐ 7. 傳播 ☐ 8. 自由業 ☐ 9. 農漁牧 ☐ 10. 家管 ☐ 11. 退休

☐ 12. 其他 ________________

您從何種方式得知本書消息？

☐ 1. 書店 ☐ 2. 網路 ☐ 3. 報紙 ☐ 4. 雜誌 ☐ 5. 廣播 ☐ 6. 電視

☐ 7. 親友推薦 ☐ 8. 其他 ________________

您通常以何種方式購書？

☐ 1. 書店 ☐ 2. 網路 ☐ 3. 傳真訂購 ☐ 4. 郵局劃撥 ☐ 5. 其他 ______

您喜歡閱讀哪些類別的書籍？

☐ 1. 財經商業 ☐ 2. 自然科學 ☐ 3. 歷史 ☐ 4. 法律 ☐ 5. 文學

☐ 6. 休閒旅遊 ☐ 7. 小說 ☐ 8. 人物傳記 ☐ 9. 生活、勵志

☐ 10. 其他 ________________

為提供訂購、行銷、客戶管理或其他合於營業登記項目或章程所定業務之目的，英屬蓋曼群島商家庭傳媒（股）公司城邦分公司，於本集團之營運期間及地區內，將以電郵、傳真、電話、簡訊、郵寄或其他公告方式利用您提供之資料（資料類別：C001、C002、C003、C011等）。利用對象除本集團外，亦可能包括相關服務的協力機構。如您有依個資法第三條或其他需服務之處，得致電本公司客服中心電話 (02)25007718請求協助。相關資料如為非必要項目，不提供亦不影響您的權益。

1. C001辨識個人者：如消費者之姓名、地址、電話、電子郵件等資訊。
2. C002辨識財務者：如信用卡或轉帳帳戶資訊。
3. C003政府資料中之辨識者：如身分證字號或護照號碼（外國人）。
4. C011個人描述：如性別、國籍、出生年月日。

請於此處用膠水黏貼